模型理论 4
——固定模型体系

孙国生 著

山西出版传媒集团
山西人民出版社

图书在版编目（CIP）数据

模型理论. 4，固定模型体系 / 孙国生著. -- 太原：山西人民出版社，2018.5
ISBN 978-7-203-10196-3

Ⅰ．①模… Ⅱ．①孙… Ⅲ．①股票投资－经济模型－经济理论 Ⅳ．①F830.91

中国版本图书馆CIP数据核字（2018）第057623号

模型理论4：固定模型体系

著　　者：孙国生
责任编辑：贺　权
复　　审：傅晓红
终　　审：秦继华

出 版 者：山西出版传媒集团·山西人民出版社
地　　址：太原市建设南路21号
邮　　编：030012
发行营销：0351-4922220　　4955996　　4956039　　4922127（传真）
天猫官网：http://sxrmcbs.tmall.com　　电话：0351-4922159
E-mail　：sxskcb@163.com　　发行部
　　　　　sxskcb@126.com　　总编室
网　　址：www.sxskcb.com

经 销 者：山西出版传媒集团·山西人民出版社
承 印 厂：三河市祥达印刷包装有限公司

开　　本：710mm×1000mm　1/16
印　　张：14
字　　数：230千字
印　　数：1—5000册
版　　次：2018年5月第1版
印　　次：2018年5月第1次印刷
书　　号：ISBN 978-7-203-10196-3
定　　价：198.00元

如有印装质量问题请与本社联系调换

推荐序 1

戴若·顾比

> 戴若·顾比是国际著名的金融技术分析专家，经常做客CNBC，被誉为"图表先生"。他是《股票交易》《趋势交易》《股市投资36计》的作者。他开发的几种领先的技术分析指标被世界各地很多市场的投资者广泛应用。

The series of books "Model Theory" mentions the important differences between numbers and patterns. It suggests that Western thinking is more concerned with numbers and Eastern thinking is more concerned with patterns. I am a western trader but my trading decisions are based on patterns of behaviour. This is the great truth of the market. The market data and information is made up from numbers, but these numbers capture the psychological behaviour of the participants in the market. The market is not really made of numbers, it is made of people. The numbers are just a record of behaviour. Understanding how the people behave is the key task for investors and traders in the financial markets.

However, numbers in the form of algorithms can be used to track and understand the behaviour of groups of individuals. This is now an essential part of the modern model theory of the market. We hear of the terms Big Data in the common marketplace, but Big Data has been the foundation of financial market technical and chart analysis for centuries. The early candlestick charts created by Japanese rice traders capture the extremes of human emotions and behaviour in the price activity. They looked at the aggregate of market behaviour – the Big Data – and used this to understand the behaviour of the market participants. Understanding this behaviour is the first step towards understanding the potential future behaviour of market participants.

Modern thinking has advanced our understanding of this market and economic model. The series of books "Model Theory" looks at this in interesting detail. It surveys the achievements of other economic model masters from Karl Marx and Adam Smith to Keynes. This series of books comes at an interesting time because following the Global Financial Crisis in 2008 the operation of the financial markets has changed. There is a desperate need for a new understanding and development of new models to better understand and explain the new market behaviour. The behaviour has been complicated by the growth of derivative trading instruments so the connection between the individual and the market is distorted. The structure of satisfying supply and demand has changed. We need to develop new models to understand this new market condition. This series of books is an important step in developing this understanding.

"模型理论"系列丛书讲到了数和形两者间的重要区别，它谈到西方的思维更关注数，而东方的思维更关注形。而作为一个西方交易者，我的交易决策却都是建立在交易行为的形态基础之上——形态是市场的实质。市场数据和信息是由数所构成的，但是这些数字反映的是市场参与者的心理行为。市场真的不是由数字构成的，而是由人构成的，数字只不过是行为的记录而已。对于金融市场中的投资者和交易者来说，关键是要理解人的行为。

然而数字运算可以用来追踪和理解群体的行为，这是当前市场模型理论的基本组成部分。我们都听过应用于大众市场的"大数据"这个词，但是几个世纪以来，大数据已然成为金融市场技术分析和图表分析的基础了。早期由日本米商所创设的K线图捕捉的是人类情感在价格活动中的极值和行为。他们观察市场行为的综合表现（大数据）并以此来了解市场参与者的行为，而这正是理解市场参与者潜在的未来行为的第一步。

现代思维扩展了我们对市场和经济模型的理解，"模型理论"系列丛书对此作了生动的描述，该书把卡尔·马克思、亚当·斯密到凯恩斯这些经济模型大师的成果进行了调查和汇总。因为在经历了2008年的全球金融危机之后，金融市场的操作已然发生了改变，所以这套书问世的时间很令人关注，此时亟须一种对新模型的理解和发展，以更好地理解和解释新的市场行为，随着衍生交易工具的发展，市场行为也日趋复杂，所以个体和市场之间的关联被扭曲了。满足供求关系的结果也发生了变化。我们需要发展新的模型来理解这个新的市场状况。这套书在这方面迈出了重要的一步。

推荐序 2

杰瑞米·杜·普莱西斯

> 杰瑞米·杜·普莱西斯,《点数图指南》的作者。

I first met Mr. Sun in June 2016 at the Bogu International Investment Forum he was hosting. I soon realized that he is a respected master of stock market forecasting with a huge following across China and beyond. He has trained thousands from well-known institutions and universities in the art of market analysis. Using the techniques explained in this book, he has predicted the turning points in the Shanghai Composite index with precision.

The theory in this book was found for the first time on China's Stock Market, so is important for all who trade and invest in the market. It's about Mr. Sun's Model Theory. As I started to read, I became more and more intrigued by the concept. I am a technical analyst, so I believe in the power of charts, but Model Theory has opened my eyes because it uses mathematical formulas and logical rules to make forecasts.

Whereas most theories are either quantitative or qualitative, Model Theory makes its forecasts using both quantitative analysis of historical data based on mathematical formulas, as well as qualitative analysis based on patterns. It is what Mr. Sun calls the prediction of time and space. There is no vagueness in the Model Theory, it predicts highs and lows with mathematical precision.

But I am being simplistic about this groundbreaking subject. The only way you are going learn more and profit from Model Theory is to turn the page and start reading this fascinating book. You won't regret it.

我第一次见到孙先生是在2016年6月，在他举办的博股国际投资论坛现场。我很快意识到，他是一位受人尊敬的股市预测派大师，在中国甚至海外有着数量庞大的追随者。他在知名机构以及大学里给上万人培训过市场分析的艺术，同时他用这本书中阐述的技术知识，精准预测了上证指数的转折点。

这本书中所阐述的关于中国股市的理论，我还是第一次看到，所以模型理论对那些在市场中交易和投资的人们来说是意义重大的。当我刚开始阅读孙先生的《模型理论》时，对他书中概念的兴趣不断加深。我是技术分析者，所以我相信图表的力量，但是《模型理论》开拓了我的视野，原因在于它是使用数学公式和逻辑规则进行预测的。

现有的大多数理论是定量或者定性的，而《模型理论》做出的所有预测，既有对基于数学公式的历史数据做定量分析，也有基于图形形态的定性分析——孙先生称之为时空预测。《模型理论》中没有含糊其词的表述，有的都是高低点的精准测算。

但我只是简单描述了这个开创性的课题。如果你想了解更多，或者想从《模型理论》中获利，唯一的途径就是翻开它，开始阅读这本很棒的书。选它，你不会后悔。

推荐序 3

拉瑞·威廉姆斯

> 拉瑞·威廉姆斯是威廉指标（W&R）的创始人，也是当今美国著名的期货交易员、作家、专栏编辑和资产管理经纪人。他曾获得罗宾斯杯期货交易冠军赛的总冠军——在不到十二个月的时间里使1万美金变成了110万美金。拉瑞·威廉姆斯就职于美国国家期货协会理事会，并曾在蒙大拿州两次竞选国会议员。在过去的25年里，他是始终被公众追随的优秀投资顾问之一，曾多次被《巴伦斯》《华尔街日报》《福布斯》《财富》专访。著有《未来的繁荣时光》《短线交易秘诀》等书籍。

Here's a book with a new and unique slant on how to become a successful trader. My friend Mr. Sun will open your mind to new thoughts, cement old ones and help you become a better trader. Some books we just skim through; this one you want is to be read.

这本书以全新而独特的视角，告诉你如何成为一名成功的交易者，我的好友孙先生将使你开拓思维，展开新思想，巩固旧知识，帮助你成为更优秀的交易者。有些书涉猎即可，而此书将让你百看不厌。

别着急！先看序，再学习

孙国生

当您即将阅读本书的时候，我强烈建议您先看完了我的序再开始，否则就像系扣子，一开始就错了，而你还坚持到最后才发现。实际上读一本书更是这样，不要在好奇心的驱使下"鲸吞"这本书，看完才发现不是你的菜，鞋不合脚。鞋合不合脚需要知道鞋的结构和尺码，人和人之间的区别往往是认知的不同，人们虽然喜新厌故、喜慧厌拙，但对于未知的事物还是过于草率，根据经验和主观判断做出评价。我衷心希望此书能让你清俗肠，醒倦眼。为了高效率地阅读，先弄懂这几个问题：模型理论是什么，不是什么？模型理论能学什么，不学什么？模型理论该用什么，不用什么？

模型理论是什么，不是什么？

七年前我开始萌发写模型理论的想法，当时是苦于阅读股票书的困惑。本人虽不至嗜书如命，也是日不绝书，坚信人的智慧大都来自前人的积累，没有人是完全的独创，悟者比我多读两本书而已。在这种心理作用下，我大量阅读中外投资经典，从开始的如饮神浆聆天乐，到最后的如吃残食嚼白蜡，要么复杂到没有用，要么简单到不管用，要么大讲投资心灵鸡汤，要么全篇理念冗长，实战百困，时常抱影衔思，忽忽不知所属。最后一总结，道理全懂，方法不通。

对于一个世界观恒定的人来说，方法论是泥泞路上的踏脚石，汪洋海中的多面帆，虽遇变幻而总能过关。在这样的背景下，我决定将

模型理论 4

固定模型体系

股市多年来的方法论摘其优、汇成集，写一些法外法、声外声、韵外韵，而这些方法里我优选的是预测方面的知识，我认为所有人的所有决策都来自对事物本身的预测，褒贬喜好、弃取存留，无不如此。投资失败不在于看不懂股市的变幻无常，而是在无常发生时，错误决策，当然更多的时候是不决策，导致不能跟踪趋势发展。错误决策和不决策都是源于对未来预测的失误，所以我把预测放在首位。我认为股市投资逻辑是分析→预测→决策→交易，因此模型理论是在投资者已经具备技术分析轮廓基础上学习的。当然，预测比分析难得多，分析是对历史的总结，预测是对未来的判断，总结自然要比判断简单一些。

综上所述，可以回答模型理论是什么、不是什么了。

模型理论是什么？

模型理论是时空预测的方法集，是数形分析的逻辑式，是量化交易的基础库。

模型理论不是什么？

模型理论不是分析工具，不是奇技淫巧，不是传统技术。

模型理论能学什么，不学什么？

在模型理论上一次出版后，反馈的评价不一。有的人觉得作者顾盼伟然，技冠群书；有的人觉得微于缕黍，空洞玄虚；有的人阅后认为是丽典新声，采知获秘；有的人阅后顿感獭祭诗书充著作；有的人学后雷转霆鞫，神鹰掔鞲；有的人学后兔起鹘落，仰天笑而冠缨绝……为什么会出现这样的悬殊呢？我觉得这就是读者没有知其然，所以更不知其所以然的结果。读书不求解，如訾食不肥体。阅读不能改善交易行为，那就是尝鲜式阅读，猎奇过后反生悔意。其实，读书如品茶，一次不为佳，往往在两三泡时，才能体会茗香通窍。书籍，尤其是方法类的书籍，更是如此，一读蠲愁，再读释疑，三读去疾，没有这三次品读，恐难得其精要。

模型理论是系列书籍，每一册研究的深度不同、方向不同。第一册重点讲解了台阶模型、独立波模型和四段五点模型，它们都属于空间模型，让我们知道结构背后的价格，价格背后的规律，规律背后的模型，它们一直像一只无形的手，左右着市场的走势。为了增加可读性，渲染精确率，有些案例十分完美，接近于神奇，大盘一个点不差，个股一分钱无缺，但实际过程中并非每只如此、每次如此。简单的方法都有其局限性，不可能放之四海而皆准，凡是书籍都会找典型，抓样板。你在书籍中能看到的是官渡之战、淝水之战等精彩的以少胜多案例，而大量的以多胜少则不会被作为经典口口相传，因为这是常识。股市的预测也是这样，不要因为几次的精确而震撼，也不要因为偶尔的失误而抓狂，因为接受股市就是接受不完美，股市是科学与艺术的结合，既有必然性，也有偶然性。

综上所述，可以回答模型理论能学什么、不能学什么了。

模型理论能学什么？

模型理论能学结构规律的公式，逻辑推理的过程，反复运算的验证。

模型理论不能学什么？

模型理论不能学不差分毫的顶底，屡战屡胜的交易，未卜先知的箴言。

模型理论该用什么，不该用什么？

我遇见过一些投资者学习了模型理论后，就变成了大仙，总喜欢在人前卖弄自己的预测，总是鼓吹某次某时、某底某顶都精确地预测到了，听起来似乎每次他都能抄底卖顶，但实际上把精力都用到了预测上，自己操作得一塌糊涂；还有一些投资者用模型理论的方法做过几次漂亮的波段，就觉得天下无敌，不管趋势的方向，博取得不偿失的微利，实难称为智者。就在前几日,一位老者告诉我,只要有百分之三的波动他都会操作,还说今年都赚了3倍了,我听后说了一句话:"你比我强,你这样能持续吗?"

我不希望读者学完模型理论后变得更贪婪,更不自知。模型理论是追求理性的交易,你学模型愈久愈理性,不在疯狂时欢喜,不在绝望时沮丧。要随着对模型理论的深入了解,多方求证,学积而备于前,智浚而行于捷,也就是提前准备,行动迅捷,没有提前准备就不能防患于未然,没有行动迅捷就是空学误己。

综上所述,可以回答模型理论该用什么、不该用什么了。

模型理论该用什么?

模型理论该用公式而计算,该用计算而验证,该用验证而交易。

模型理论不该用什么?

模型理论不该用来当大仙,不该用来反趋势,不该用来博微利。

最后的最后

世间之法有先易后难和先难后易,重点不是开始而是结果,先易后难的结果往往是越来越难,先难后易的结果是越来越易。模型理论就属于先难后易的方法,喜欢模型者多为重视结果者,艰难的开始,曲折的过程,都是为了美好的结果。世间没有万能药、千灵丹,只有百宝箱,一把钥匙开一把锁,一个方法解一处难,只有把百宝箱都备满了,才能应付各种跌宕起伏。模型理论不仅仅是操作模型,更多的是预测模型,当大家去学习这些预测方法的时候,一定要知道预测的三个规律,第一,预测难免失误,你必须接受这一点,预测没有那么简单,否则你就不会一直学习了,股票市场是受多重因素影响的,所以预测失误也总是会发生;第二,不是精准而是接近,预测之前可以精准,但是市场验证的时候,接近就可以了,没有人能准确无误地预测每一次涨跌,预测是推断市场的各种可能性的方法，所有的抉择都是一种预测；第三，指数预测会比个股预测要可靠一些，在股票市场个股走势更容易被操纵，而指数相对而言更稳定，无论采取哪一种预测方法，指数预测的可靠性要大于个股预测的可靠性。所谓的预测都是基于大量的数据统计和客观走势规律来的，都是一种概率游戏，随着科技的进步，这种概率也会提升，也就是"大数据"的概念，所谓的智能也不过是基于某个模型的预测，我们应该秉持着好奇和质疑的态度，不断将其完善，而不是迷信和守旧。

模型理论是系列书籍（现已写到第六册），每一册都有不同的市场模型，深度也是逐步加强，需要读者对各种方法灵活运用，在此过程中遇到问题，可以发邮件到模型理论解疑邮箱（moxinglilun@163.com），也可以在模型理论公众号上留言。当然，您也可以买一套相关的软件，这样可以省去大量计算的时间。详情可登录中国弘历集团官网了解（http://www.hl1998.com）。让我们以此为开端，探索股市的奥秘，见证模型的神奇。

最后，本书的完成要感谢我的同事孙彬，大部分手稿是由他整理编辑的；要感谢我的爱人蔡静女士，是她不断地鼓励才让我挤出时间来写书；最后的最后，要感谢所有的"模迷"们，是你们的追捧才让模型理论一版再版，谢谢你们的支持！

2017 年 2 月 27 日于北京

更多精彩内容,请关注模型理论微信公众号

序

时间是股市四大要素之一,对于股市的研究具有重要意义。

在生产生活中,时间同样具有重要意义,投资讲究顺应趋势,其实做任何事情都要顺应趋势,而顺应趋势很重要的一点就是知时。审时才能度势,才知道自己能够干什么,应该干什么,古人把成就一件事情的要素分为三种:天时、地利、人和,天时排在第一位。

知时才能成事,才会进退有据,知道何时是春天,就能够播种;知道何时是秋天,才能够收获。在正确的时间做正确的事,努力才会有结果,才会事半功倍,反之逆势而行往往费力不讨好。

时间是衡量一切规律的标尺,但时间本身却是难以衡量和计算的,所以有了时间单位和历法,而历法的制定,却离不开星辰的运行。

古人喜欢用星辰的循环运动来计量时间,比如黄历就是依据木星的运行周期和北斗七星"勺柄"的旋转周期所制定的;而农历是以地球、太阳和月亮之间的运行周期来制定的历法。

早在公元前3000年,古埃及人民就创造了历史上最早的太阳历,称为古埃及太阳历(solar calendar),古埃及人民发现,每当尼罗河开始泛滥之时,有一颗星辰会与太阳一同出现在东方的地平线上[1],这颗星辰就是天狼星(Dog Star—Sirius)。

东西方为何都不约而同的以天体作为计时的依据?

就像《易经》中说的"天行健",在古代可以观察到的现象中,天体的运行是最刚健、最稳定,也是最富有规律的,用来作为衡量时间的标尺实在是再合适不过了。

模型理论 4

固定模型体系

而模型的魅力也在于此，稳定、牢固、简单实用。就像江恩在他的书中写到的那样："在商品交易中，成败的差异就在于一个人知晓并遵循固定规则，而另一个人依据臆测行事，臆测的人通常亏损。"

因为股市中规则往往是固定的（最起码在一段时间内是固定的），而人的思维却不是固定的，相信很多读者也有这样的感触，有时候明明知道该卖出了，可就是克制不住贪婪的心理；或者明明知道该买入了，却一直害怕犹豫，最终错失良机。

投资者容易受到心理因素的影响，所以用模型来承载规则、规范操作，实在是再合适不过了。

但模型的优势在于固定、可靠，其缺点也是过于固定，同一种模型只适用于某一种情况，对更多的情况无能为力，或者有的模型适合牛市，有的模型适合熊市；有的适合震荡走势，有的适合单边走势……这些缺陷也是由模型的特性决定的。

笔者一直坚信，万事万物有其优势必有其劣势，缺陷的存在是不可否定的，但缺陷并非是不可避免的。如果投资者能有一套成体系的模型组合，就可以在最大程度上增强模型的适用性。

完善的模型体系该如何建立呢？

模型的建立并非凭空想象，建立模型的基础是规律和理念，规律大家都好理解，但建立模型为什么还需要理念呢？其实理念才是一个模型的精髓，同样的一条规律，不同的人使用会有不同的效果，就是因为每个人的理念不同。

不同的理念将会衍生出不同的模型，不同的模型将获得不同的优势。但仅仅融入不同的理念还是不够的，模型还需要能够应对投资中的每个步骤。

投资首先就需要决策，通俗来讲就是买卖点的选择，这是每个投资者都重视的部分。但是选择买卖点不能"跟着感觉走"，还要有依据，决策的依据就是预测，在决定买卖点之前，需要对股价未来的发展有一个预测，否则全靠瞎蒙不可能持续获利。预测不是自己掐指一算或者灵机一动，预测之前要分析，分析历史、分析行情、分析环境，最终才能做出预测。

也就是说，在投资中，决策、预测和分析三个步骤一个都不能少，那么在一套完善的模型组合中，每个步骤都需要有相对应的模型。当然也不排除其他的投资者对投资中的步骤有其他的见解，但可以确定的是，如果你想要在自己的投资中用好模型，建立一套完善的模型组合是必不可少的，这套组合要能完成投资中的每一个步骤，适应更多的情况。

本书将为大家提供一套相对完善的模型组合，这些模型由于融合了不同的理念，会有各自不同的优势，适应不同的情况，大家只要"按图索骥"，就可以"轻松获利"了。但是只有最适合自己的才是最好的，理念如此，方法也是如此，所以笔者既将这套模型组合趋于完善，同时又在其中留下了足够的空间，各位读者完全掌握了之后，就可以根据自己的情况在其中加入更多适合自己的元素，使之成为一套最适合自己的体系。

也就是说，各位读者能够在本书中学到一套越用越顺手的模型体系。这个过程就像铸剑一样，笔者给大家一把淬炼好的剑胚，并且教大家铸剑的方法，大家完全可以按照自己的心意为自己量身打造一把最趁手的获利神兵。

目 录

第一卷　天枢模型概述
——将理念与系统模型格式化 / 1

第一章　你和投资专家之间的差别——是否拥有可靠的交易系统 / 3

　　第一节　成为一个成功的投资专家有多难？ / 4
　　第二节　关键在于理念 / 6

第二章　东西方哲学及其演化的投资理念——将东西方理念熔于一炉 / 9

　　第一节　行为是理念的产物 / 10
　　第二节　影响理念的因素 / 12
　　第三节　理念与方法的融合——天枢模型 / 15

第三章　临渊羡鱼先结网——你准备好了么？ / 17

　　第一节　成熟投资者的第一步——掌握足够的知识 / 19
　　第二节　成熟投资者的第二步——积累足够的经验 / 24
　　第三节　成熟投资者的第三步
　　　　　　——摆脱"思维习惯"和"股市常识"的束缚 / 34

第二卷　决策之道　断如雷霆
——投资离不开决策 / 41

第四章　天枢模型之区间整理——短期价格调整的判测模型 / 43

　　第一节　见微知著——索罗斯的成功之道 / 44

第二节　区间整理的形态公式 / 45

第三节　区间整理的实战案例 / 49

第五章　天枢模型之乾坤入袖——反弹压力位与回调支撑位判测模型 / 53

第一节　火中取"利"——关键在于衡量时机 / 54

第二节　乾坤入袖的形态公式 / 55

第三节　乾坤入袖的实战案例 / 57

第六章　天枢模型之U点启动——趋势启动点判测模型 / 61

第一节　排除个人情绪的影响 / 62

第二节　U点启动的形态公式 / 63

第三节　U点启动的实战案例 / 66

第七章　天枢模型之最佳决策——短期反转顶底判测模型 / 71

第一节　有依据的决策才能果断 / 72

第二节　最佳决策的形态公式 / 73

第三节　最佳决策的实战案例 / 76

第三卷　预测之道　察如明镜
——决策离不开预测 / 87

第八章　天枢模型之折行推进——回调低点和反弹高点的预测模型 / 89

第一节　影响股价的力量 / 90

第二节　折行推进的形态公式 / 91

第三节　折行推进的实战案例 / 94

第九章　天枢模型之影线反转——上下影线预测次日涨跌模型 / 97

第一节　任势——一代商圣的智慧 / 98

第二节　影线反转的形态公式 / 99

第三节　影线反转的实战案例 / 102

第十章　天枢模型之精算变盘——次日的涨跌空间预测模型 / 111

　　第一节　江恩理论中的数字表达 / 112

　　第二节　精算变盘的形态公式 / 113

　　第三节　精算变盘的实战案例 / 118

第十一章　天枢模型之几何预测——趋势变换后升降高低点预测模型 / 127

　　第一节　"一把直尺打天下" / 128

　　第二节　几何预测的形态公式 / 129

　　第三节　几何预测的实战案例 / 131

第四卷　分析之道　意如柔水
——预测离不开分析 / 135

第十二章　天枢模型之规律偏向——股价偏移规律模型 / 137

　　第一节　规律——股市的"习惯" / 138

　　第二节　规律偏向的判断规则 / 139

　　第三节　规律偏向的实战案例 / 142

第十三章　天枢模型之极数折变——市场反转时机的提前判测模型 / 151

　　第一节　股市中的物极必反理念 / 152

　　第二节　极数折变的三种形态 / 154

　　第三节　极数折变的实战案例 / 159

第十四章　天枢模型之平衡预期——股价平衡转折点的价格预测模型 / 163

　　第一节　市场中的平衡与转折 / 164

　　第二节　平衡预期的形态公式 / 165

　　第三节　平衡预期的实战案例 / 170

固定模型体系

第十五章　天枢模型之中枢偏振——波段起涨点测算模型　/ 179

　　第一节　中枢法则和偏向振动 / 180

　　第二节　中枢偏振的形态公式 / 182

　　第三节　中枢偏振的实战案例 / 184

结束语 / 193

后　记——阅读是一种智慧 / 195

第一卷　天枢模型概述

——将理念与系统模型格式化

天枢，北斗七星之首。是和平秩序的象征，是权力财富的主宰。笔者希望能够通过建立一套全新的交易模型来终结股市中的混乱，就像天枢星一样，为广大投资者带来秩序和希望，所以将这套模型命名为"天枢模型"。

天枢模型的精髓就是将理念融入模型，解决了投资者的投资理念与市场不合的问题，用固定的模型来达到在股市中获利的目的。

天枢模型的魅力在于其简单易学，不需根据理念进行及时的判断和操作，只要等待符合模型条件的情况出现，使用特定的操作方法来进行操作，更多的是一种"按图索骥"式的操作方法。

同时，天枢实际上是一个模型体系，不仅仅包括一个模型，而是许多模型构成的体系，因此具有适应性和多变性，投资者只需要根据不同的情况选出符合条件的模型就可以"按图索骥，轻松获利"了。

每个人都需要投资，但并非只有天才才能成为投资专家。

——克里斯托弗·布朗

第一章　你和投资专家之间的差别

——是否拥有可靠的交易系统

成功的交易来自长期稳健的收益，而长期稳健的收益来自可靠而科学的交易系统，科学的交易系统又来自正确的投资哲学及其衍生的投资理念。拥有正确的投资哲学及其衍生的投资理念对大多数投资者而言，似乎是可望而不可及的。

作为普通投资者中的一员，似乎我们和那些在股市中叱咤风云的投资大师们相距甚远。

然而事实真的是这样么？

第一节　成为一个成功的投资专家有多难？

长久以来，人们一直以为在股市中获利靠的是智商和天分，那些交易大师们都是天生的聪明人，似乎每一位成功的投资者都要有一个像爱因斯坦那样的大脑。事实上这种想法是错误的，成为一个成功的投资家并不需要太高的智商，就像投资大师沃伦·巴菲特所说的那样——只要有普通人的智商，你就可以成为一名成功的投资者。

既然智商不是决定性的因素，为什么有些人在股市中能够叱咤风云，赚得盆满钵满，而有些人却获利不多，甚至大量亏损？

这个问题困扰了许多人，很多人对于这个问题的答案都提出了自己的假设，遗憾的是，这些假设并不是统一的，而是众说纷纭。似乎普通投资者与那些在股市中获得成功的投资专家之间在各个方面都存在着极大的差异，像是完全不同的两个物种，只能隔着整个世界彼此遥望一样。然而事实真的是这样么？也许我们可以从一个著名的实验中找到答案。

"海龟实验"是著名期货投机家理查德·丹尼斯在上世纪末进行的一项伟大实验，它向我们证明了：伟大的交易员并非天生，而是可以后天培养的。

1983年，理查德·丹尼斯与他的挚友威廉·埃克哈特之间关于"伟大的交易员是否可以后天培养"这一问题产生分歧，为了寻找答案，他们决定进行一场实验，这是著名的"海龟交易"实验。

> **嘿，看这里！**
>
> 有一种说法认为丹尼斯之所以将这项实验命名为"海龟实验"，是有感于海龟奔向大海的本能。
>
> "我们正在成长为交易员，就像他们正在成长为海龟一样"
>
> ——理查德·丹尼斯

在经过一系列的选拔和测试之后，丹尼斯从超过 1000 名应聘者中选出了 13 人来进行这个实验，这些幸运的人被称为"海龟"，他们来自各行各业，他们中大多数人甚至没有金融方面的基础，然而在经过两周的短暂培训之后，丹尼斯开始给这些海龟们账户和资本进行交易，在为期 4 年的海龟计划结束之后，这些"海龟"们取得了年均复利 80% 的收益，"海龟实验"大获成功。丹尼斯证明了用一套简单的系统和法则，可以让没有或几乎没有交易经验的人成为合格乃至优秀的交易员，而海龟交易法也因此而名声大噪。当然这并不是本书的重点。

　　丹尼斯的实验证明了投资专家与普通投资者之间没有不可逾越的鸿沟，也证明了一套可靠的交易系统对于投资的重要性。然而，拥有了一套可靠的交易系统就可以成为成功的投资者，获得丰厚的投资回报么？

　　在研究过其中的一些细节之后，笔者把注意力集中在一些其他人并不在意的角度——在参加这个实验的所有"海龟"中，并非每个"海龟"都是赚钱的，有些"海龟"大获成功，有些"海龟"则赔了钱，而丹尼斯并没有给那些赚钱的"海龟"开小灶。也就是说，"海龟"们掌握着完全相同的知识，拥有着相同的交易系统，但结果却相差巨大，原因何在？

　　为什么使用同样的交易系统，有的人大获成功，有的人却一败涂地？

　　在海龟交易实验中，有这样一个细节：丹尼斯在挑选海龟的时候曾发给应聘者一份测试题，以测试他们对于风险的喜好程度。笔者也研究过其中的一些测试题，事实上丹尼斯对海龟的要求只有两个：第一是够聪明，第二是喜爱风险，至少不能反感风险。

　　也就是说，虽然 13 个海龟来自于不同的行业，拥有不同的经历，但他们具备同样的特性，就是热爱冒险，至少是不讨厌风险，并且足够聪明。

　　丹尼斯选择聪明人的原因可以理解，这是为了保证他的实验能够达到更好的效果。但是为何要关注这些海龟对风险的态度呢？

第二节 关键在于理念

对风险的态度往往关乎一个人的理念，而理念往往就是一个投资者在股市中是否能够成功的关键。

一位叫做柯蒂斯·费斯的海龟（同时他也是初代海龟中获利最高的一个）在他的书中提到，那些失败的海龟总是不能做到严格地执行丹尼斯的交易系统，他们总是容易陷入贪婪或者恐惧的情绪中，或者无时无刻都在想着赚大钱。笔者认为这些失败者之所以频频失误就是受到自己的理念的影响——他们的理念与丹尼斯的交易系统不合，就好像电脑的硬件和软件之间不匹配一样，或者类似于汽车的发动机和传动系统不匹配，这样再好的交易系统或者交易方法也无法发挥出全部的效果，甚至会起到反效果。

所以在拥有了一套可靠的交易系统之后，投资者在股市中是否能够稳定获利的关键在于理念。

"理念"一词在《辞海》中的解释是："观念（希腊文 idea）。通常指思想，有时亦指表象或客观事物在人脑里留下的概括的形象。"（《辞海》第1367页）但实际上，此处所指的理念是对特定事物的看法，比如对风险的厌恶程度，是否执着于操作的对与错等等。

理念没有对错，只有合不合适，拥有合适理念的投资者往往能够更加适应市场（即使前文中的关于海龟交易的实验，其中也有专门涉及到理念的部分），当原油的价格开始上涨时，理念合适的人就会抓住机会买入，而理念不合的人则会犹豫，最终错失良机；当风险出现时，理念合适的人会及时离场规避，而理念不合的人却往往怀揣侥幸，最终造成亏损。果断买入和及时止损说来容易，但是笔者相信大多数投资者都能知道，在实战操作中想要做到这一点有多难——在这一点上，许多投资者有切肤之痛。

很多情况下，成功和失败仅在一念之间，在股市中更是如此，一次犹豫可能使你错失良机，也有可能使你躲过风险；一次冒险可能使你赚得盆满钵满，也有可能使你蒙受损失，何时该犹豫何时该果断，何时该保守何时该冒险？

优秀的投资者总是知道什么时候该激进什么时候该保守，而决定这一切的，就是是否拥有正确的投资理念。

对于成功的诠释有千千万万，然而笔者认为，在股市中你和那些成功的投资家之间，差别只在理念。

相信我，成功距你仅一步之遥。

小 结

普通投资者与成功的投资者之间的差别更多的体现在方法和理念上，方法并不是指某些技巧，而是交易系统。

如果用远行来做比喻，普通的投资者没有交易系统，没有合适的理念，就像是步行；而那些成功的投资者就像是在开车，步行的人再努力还能超过汽车么？

而一套可靠的交易系统，就像是汽车本身，有了好车，普通的投资者才能赶上成功投资者；而合适的理念则像是高超的驾驶技术，只有有了高超的驾驶技术才能让"汽车"发挥出最大的作用，跑出最快的速度。

> 事业是理论和实践的生动统一
>
> ——亚里士多德

第二章　东西方哲学及其演化的投资理念
——将东西方理念熔于一炉

就哲学观来说，东方以含蓄为美，西方则更加直接一些；东方人认为"人无远虑必有近忧"，而西方人更加喜欢"把握现在"。

映射到投资理念上，就形成了现在东方重预测，西方重概率的理论体系区别，东方的理念是使投资者自身的操作少出错，即使出了错也有后手，由此所衍生的方法也是以预测和降低风险为主。而西方则是合理承担风险，控制风险，当获得收益的概率远大于出现风险的概率，或者可能的收益额度远大于可能承受的亏损额度时，就值得出手，对错不重要，重要的是在正确的时机获取最大的利益。

天枢模型就是将不同的理念融入方法，形成的一套交易模型，可以因融入不同的理念而获得不同的优势。

第一节 行为是理念的产物

美国人总是乐于冒险，他们追求风险的最小化和利益的最大化。在美国，成功的交易家从来不会否认风险的存在，甚至他们认为风险的存在是合理而不可避免的，风险是与收益绑定的。成功的交易家们从不介意冒着亏损的风险走在获取收益的路上，但是他们绝不会鲁莽的冒着风险交易。在交易前，他们总会仔细衡量风险和收益之间的关系，来决定是否值得出手交易。合理冒险，这是美国两百年来成功的经验。

> 嘿，看这里！
>
> 关于理念对行为的影响，恐怕下面一则笑话是最好的诠释：
>
> 一架飞机迫降在海面上，需要乘客从滑梯下海登上救生艇，乘客不愿，空姐求助机长。见多识广的机长说："你要对美国人说这是冒险，对英国人说这是荣誉，对法国人说这是浪漫，对德国人说这是规定，对日本人说这是命令，对于中国人，你只要告诉他们这是免费的即可！"

国人似乎更希望规避一切风险，在赌局开始之前就决定胜利，当然这并不是否认风险的存在，而是更加注重提前准备，就像下围棋一样，不温不火地慢慢编织，先一步扎稳根基，甚至在开局之初就给自己每一步留下后路，以保证当意外和风险出现之时自己能够处在最有利的位置。无论出现什么样的意外，这些精擅国学的"围棋大师"们似乎都能从容应对。稳中求胜，这是国人五千年来智慧的结晶。

所以秉持西方理念的投资者可能操作的错误率会偏高，但是失败所承受的损失将得到有效的控制，而成功所获得的利益将被尽可能的最大化。假如你连续错误三次，每次亏损10%，最终亏损额度将达到27.1%，但是你只需要一次盈利额达到30%的获利操作即可收回成本还有获利。

就像理查德·丹尼斯说的那样："95%的利润来自于5%的交易。"

而东方的理念讲究滴水不漏，远见于未萌，走一步算三步，秉承东方理念的投资者可能做得更多的是预测，先预测出可能的风险和机会再决定操作的策略，并且留下后手，时机不对，急流勇退。他们永远是股市中最淡定最沉稳的那一批投资者，不因等待而焦躁，也不因贪婪而失度，从容而来，从容而去，决不把趋势做老，虽然每一波都不是赚的最多的，但很少蚀本，最终聚沙成塔，不声不响间积累下大量的财富。

行为是理念的产物，理念的不同造成了行为的差异。不仅是在投资界，理念差异造成的行为差异体现在各个方面，并且不仅仅是国人和美国人之间会有差别，同一个国家每个人之间的理念都会存在巨大的差别。当然事无绝对，不只是国人才知道"它山之石，可以攻玉"的道理，国外不少投资家的理念都吸取了东方的哲学思想，而近年来我们也一直在学习国外的先进经验，从交易方法到投资理念都受到华尔街证券市场的影响，所以近年来东西方理念的差异也在逐渐缩小。

但是缩小不代表不存在，理念具有其独特性，每个人的理念都会存在差异，理念不同的人即使境遇相同最终也往往得到不同的结果，所以一个人的理念在很大程度上会决定他是成功还是失败——不论是在金融市场上还是在生活工作上。

而一个人的投资理念，在某种程度上来说就是他的人生哲学和投资哲学。在这一点上，最典型的例子就是著名的投资家乔治·索罗斯，索罗斯拥有独特的参与投资方法，别具一格的操作风格，更重要的是，他具有独特的市场洞察力。而使其成功的首要秘诀，则是他的哲学观。

索罗斯的哲学观形成了他的金融战略核心，这使他获得了巨大的优势：他能够站在一个更高的高度，以辩证的思维去看待市场，从而能够一直保持清晰的思维，不因股市的变化而影响心态，从容应对，最终获得成功。

理念没有对错，但由理念产生的行为却有对错之分，所以不管在任何环境下，理念都没有对错，但只有适合环境的理念，才能产生正确的行为，就像《天演论》中说的：物竞天择，适者生存。行为是理念的产物，拥有一个适应于当前环境的理念，将使你受用无穷（尤其是在金融领域，那些获得成功的交易大师们都有一套属于自己的理念）。如果你发现自己的理念不适合当前环境，那么就需要尽快地转变你的理念。但是理念的形成并非一朝一夕，一个人的理念往往是一个人对自己过去经历的总结，因此理念的转变也万分艰难。

第二节　影响理念的因素

想要转变理念，首先要清楚理念是如何形成的，理念的形成主要受以下三方面因素的影响：

生活经历

理念的形成往往是一个人对自己过去经历的总结，一个人过去的经历会对他理念的形成产生巨大的影响。一个从小生活富足的普通人，长大以后也不会很在乎食物；但一个小时候经常挨饿的人，即使成为富翁也会分外重视食物，乃至任何时候不让食物离开他的视线，哪怕他再也不用担心挨饿。这就是生活经历对理念的影响。

文化背景

一个人过去的生活经历会对他的理念产生影响，而历史是一个国家和民族过去的经历，它可以影响整个国家或者整个民族的理念。一个国家的文化背景深深地影响着这个国家的人民，形成了国与国之间、民族与民族之间不同的理念和风俗。笔者曾到过许多国家，见过当地的一些各异的风俗：比如在乌克兰，如果你打算送别人鲜花，只能送奇数，偶数的花束是只在葬礼上被使用的；在那些历史上的英国殖民地或者是受英国影响较大的国家，出行时人们习惯靠左侧行驶；在约旦的交通规则中，甚至不允许鸣喇叭；在新加坡，人们不被允许吃口香糖。很多其他国家的风俗在我们看来是天方夜谭，在当地人看来却是习以为常。风俗的不同，往往就是由于理念的差异造成的。

不同的文化背景形成不同的理念，不同理念造成不同的行为模式，国人奉行孔孟之道，理念相对保守，而美国人则视冒险为天职，理念相对激进。

处于什么样的文化背景下，将会极大程度地影响一个人的理念，一个从小在美国长大的华人，他的理念中往往是激进冒险的成分居多；反之，一个在中国长大的美国人，他的理念往往也会偏"中国化"。

所受教育

受教育程度对一个人理念的影响不言而喻。高尔基说，书籍是人类进步的阶梯；加里宁[1]说，教师是人类灵魂的工程师，一个人所受教育的程度和方式对他的影响往往是深入灵魂的，表现在他生活中的方方面面，习惯、谈吐、气质……

受教育程度不同的人在各个方面都会有巨大的差别，不管他的能力和才智如何。这就是受教育对理念的影响。

理念受以上三种因素的影响，但是生活经历和文化背景在很大程度上并非由我们能够决定，我们唯一可以改变的因素就是所受的教育，改变的方法是学习。所以我们唯一能够改变理念的方式就是学习。

学什么？学习别人的理念，学习别人成功的经验，最终形成或者改变自己的理念，每个成功的投资者在股市中都要形成自己的一套理念。

笔者发现，很多投资者学不好的原因有两种，一种是不会学，一种

注〔1〕：米哈伊尔·加里宁，1875-1946，苏联共产党和国家的领导人之一，卓越的无产阶级革命家、教育家。

是学不会。

不会学的人勤奋刻苦，学习如饥似渴，但是没有选择性，囫囵吞枣，有什么学什么。没有形成自己的理念，结果有方法无理念，方法学了一堆，股市中该赔钱还是赔钱。可见再好的方法没有理念支持，也难以发挥全部的效果。

学不会的人或因为忙没时间学，或因为精力不足学不会，记不牢。这种人若没有好的工具，就更需要一套自己的理念，一套好的理念胜过许多方法，并且很多好的方法也是由理念衍生的，对于方法的掌握，理念可以起到提纲挈领的作用。

但是理念的学习就像学太极拳一样，易学难精。太极拳哪怕是公园里的大爷大妈们也能学会，学一个礼拜就能跟着音乐打一套，但是这种太极拳更多的是作为一种养生的方法；而作为一种拳术，想要真正掌握太极拳，发挥它在实战中的作用却不是一朝一夕的事情了。

理念的学习也是如此，看似简单却难以掌握，比如说，我知道海龟们的理念是要面对风险，但是知道就能做到么？当风险真正来临的时候你就能保证自己不会逃避么？就像戒烟或者戒酒一样，都知道抽烟喝酒对身体不好，真正戒掉的有几个？理念的形成是缓慢而艰难的，形成之后就具有强大的惯性，难以改变。

想要真正改变自己的理念，并让理念融入自己的操作风格，对于大多数普通的投资者来说太难了，也太耗费时间了。所以笔者一直在思考，有没有一种方法能够绕过理念形成的过程，不依靠于理念就能够使投资者获利？

答案是没有，至少笔者没有寻找到这样的方法。理念就像是树干，方法就像是枝和叶，没有理念支撑的方法就像空中楼阁一样摇摇欲坠。但是这不代表我们无法解决这个问题。

笔者通过建立一种固定的交易模型，将理念融于方法，最终形成一套成熟的市场判断与交易体系，这套体系不需要投资者根据自身的理念进行及时地判断和操作，只要等待模型的出现，根据固定的形态找固定的区域，使用固定的方法，通过机械式的操作来消除理念不合对于投资的影响。最终使投资者做到"按图索骥，轻松获利"——这也正是模型理论的精髓所在。

第三节　理念与方法的融合——天枢模型

古人很早就意识到了天上的星辰运转对世界的影响，于是先辈们赋予天上的星辰各自不同的意义，甚至于东西方都认为星辰是神祇的化身。

一直以来我国就有星君下凡度化世人的传说，其中，又以贪狼星君最为出名。提到贪狼星，在人们的常识中往往是与金戈铁马、建功立业相关，宋代词人苏轼更是用"西北望，射天狼"（出自《江城子·密州出猎》）来表达自己对建功立业的渴望。但实际上并非如此，贪狼星是一颗"吉星"，《晋书·天文志》中说：北斗七星在太微北，枢为天，璇为地，玑为人，权为时，衡为音，开阳为律，摇光为星[2]。

其中的天枢星即是贪狼，它是北斗七星之首。易学中认为，北斗天枢（亦称贪狼星或小天罡星）是智星、吉星。象征着强有力的统治管理。

神话传说中北斗天枢化作人形时为贪狼星君，化作动物时为金鳌（亦作龙龟）。道教认为，贪狼星君会在某些时刻以降世的方式度化众人，带来和平的希望。金鳌（龙龟）是中国神话中的一种神龟，通常是权力和财富的象征。

也就是说，天枢星是和平秩序、权力财富的象征。笔者希望这套融

注〔2〕：原文选自《晋书·天文志上》，北斗七星在太微北，七政之枢机，阴阳之元本也。故运乎天中，而临制四方，以建四时，而均五行也。魁四星为旋玑，杓三星为玉衡。又曰，斗为人君之象，号令之主也。又为帝车，取乎运动之义也。又魁第一星曰天枢，二曰璇，三曰玑，四曰权，五曰玉衡，六曰开阳，七曰摇光，一至四为魁，五至七为杓。枢为天，璇为地，玑为人，权为时，玉衡为音，开阳为律，摇光为星。

合了理念的方法能够像天枢星一样成为混乱的终结者，为广大投资者带来秩序和希望，在股市中获得财富与成功，所以将这套模型命名为"天枢模型"。

天枢模型的魅力在于其简单易学，不需根据理念进行及时地判断和操作，只要等待符合模型条件的情况出现，使用特定的操作方法来进行操作，更多的是一种"按图索骥"式的操作方法。

同时，天枢实际上是一个模型体系，不仅仅包括一个模型，而是许多模型构成的体系，因此具有适应性和多变性，前文中笔者说过，天枢模型是将理念融入方法得到的，而不同的理念就会产生不同的模型，不同的模型产生不同的方法，这就形成了一个庞大的体系。

东西方的理念各有优劣，但每个人只有自己的一套理念，有的理念在横盘时只能等待，有的理念不能应对小概率事件，有的理念只适合价值投资……鱼与熊掌不可得兼，每种理念都有其局限性。而笔者将不同的理念融入方法，形成的这一套天枢模型却可以因融入不同的理念而获得不同的优势。投资者只需要根据不同的情况选出符合条件的模型就可以"按图索骥，轻松获利"了。

小 结

在股市中，播种理念，你将收获行为；播种行为，你将收获财富。行为是理念的产物，合适的理念将使投资者在投资中获得丰厚的回报，但并不是每个人的理念都天生适合股市环境，而理念的形成和转变却不是一朝一夕的事情。

于是就有了将理念融于方法的天枢模型的诞生，天枢模型是一个由许多模型构成的模型组合，不同的理念衍生出不同的模型，不同的模型适应于不同的情况，拥有不同的优势，相信对天枢模型的学习和研究，一定能够使各位读者有所收获。

临河而羡鱼，不如归家织网。

——《淮南子·说林训》

第三章 临渊羡鱼先结网

——你准备好了么？

从威廉·江恩到沃伦·巴菲特，从彼得·林奇到乔治·索罗斯，作为投资者，我们总是羡慕那些身价不凡的证券市场获利传奇，很多投资者入市的原因就是瞄准了证券市场超高的回报率。但是在入市之前，你准备好了么？

笔者听一位老股民谈起他入市时的情况，1997年大牛市经朋友介绍，买入当时的龙头股——深发展（现在的平安银行），一直听人说股市里面风险大，买入之后发现赚了一笔就赶紧卖了，2万多入市，当时赚了7000多，高兴坏了，算一算照这个架势，用不了多久，百万可期。赶紧清点手头资金，又杀了进去，结果没多久股价开始下跌，还没赚多少就都亏了回去，当时消息满天飞，股评和股友们说什么的都有，有说熊市来了赶紧卖的，有说正常调整还会涨的。犹豫了半天也没有卖，后来亏了快10000了，实在拿不住就卖了。

当时的情况，用他的话说就是："急急忙忙地买，哭哭啼啼地卖。"行情不好那段时间，一直没投入太多资金，但是一直想着上次赚那7000元，老想着抄熊市的底，也一直没空仓。手里的股票涨了就卖，跌了的就拿着等解套，最后手里剩一堆垃圾股等解套，黑马都跑了。听别人解释才知道，原来股市里是"强者恒强"的。

2000年行情开始好转，听别人说短线来钱快，觉得很有道理，开始做短线快进快出，结果大半年下来累得够呛，忙活一圈发现指数涨了不少，钱没赚着，有点盈利还不够交手续费的。

模型理论 4

固定模型体系

后来学乖了,股票涨了就拿着,结果拿着拿着就跌了,卖又舍不得。最后短线变长线,长线变套牢。

他总结说:"将近20年在股市中沉沉浮浮,得意过也痛哭过,现在想想,当初还是太嫩,根本没有做出任何准备,什么都不懂,就一头扎进股市,也不知花了多少钱买教训。"

从青涩到成熟,这位股民朋友经历了几次心态和操作手法的转变,花费了大量的时间、精力和金钱使自己在股市中变得成熟。

这种情况在股市中绝非个例,因为股市中有这样一个怪圈:新手拿钱换经验,而老手拿经验换钱,一旦老手的经验跟不上多变的市场,就变回新手。

似乎新手入市必然要做好亏钱的准备。但实际上,这个怪圈是可以破解的,而破解的关键就是入市前的准备,成熟投资者的一些素质是可以提前培养的,从市场中获取经验既费时又费钱,而提前的准备则省时省力。前文中提到的那位股民朋友就是因为入市之前准备得不够充分,仅凭一腔热情入市,凭直觉和所谓内幕消息操作,结果劳而不得,事倍功半,花了太多时间和金钱来买教训。

所以想要入市,要先做好准备。也许你会说:我已经入市十多年了,再做这些准备还有必要么?我要说,有,而且非常有必要。市场总是不断地在发展、变化,就算是所谓经验丰富的"老手",为了不被市场淘汰重新变回新手,不断地充实自己也是非常重要的。提前做好准备不仅十分必要,而且需要立刻行动,即使你现在已经入市不少年了,做这些准备也不算晚,有些事情只要做了就永远不算晚。

如果你是一个有着多年经验的老股民,有着足够经验的投资者,相信你更加了解提前的准备能够给你提供多么大的帮助。

想要成为一个成功的投资者,首先要成为一个成熟的投资者。在正式学习"天枢模型"之前,首先要了解如何成为一名成熟的投资者,所以本书在教会你这套模型的同时,也会教你成为一个成熟投资者,告诉你需要学习哪些知识,具备怎样的素质。

如果你对如何快速成为一名成熟投资者感兴趣的话,不妨读一读下面的成熟投资者三部曲。

第一节　成熟投资者的第一步——掌握足够的知识

庄子的《逍遥游》中有这样一段话：且夫水之积也不厚，则其负大舟也无力。覆杯水于坳堂之上，则芥为之舟。置杯焉则胶，水浅而舟大也。风之积也不厚，则其负大翼也无力。故九万里，则风斯在下矣，而后乃今培风；背负青天而莫之夭阏者，而后乃今将图南。

想要做好任何一件事情，积累都是最首要的任务，任何一个行业都有自己的专业技能，股市尤其如此。股市是一个学无止境的地方，你可能在其他行业叱咤风云，游刃有余；你可能智慧过人，学识渊博，但是这些都不足以让你在股市中高枕无忧。就像在大海中远航你需要大船和风帆一样，想要在股海中长风破浪，自在遨游，你需要足够的知识和经验。

经验来源于观察和总结，知识来源于学习，高尔基有一句名言："我扑在书籍上，就像饥饿的人扑在面包上。"股市中的学习就需要这种如饥似渴的精神——因为对于多数人来说，在所有能够掌握的知识中，股市知识的"含金量"是最高的，它们往往会带来丰厚的回报。

投资现在，你只能保证温饱；投资未来，才能够拥有未来。投资正在上涨的股票，你只能获得部分利润，甚至会亏损，只有投资未来会上涨的股票，才会赚更多的钱。而投资未来的最好方法就是充实自己，充实自己最好的方法就是学习。前文中也提到过，学习是改变理念的最好方法，但"生而有涯，知也无涯"，知识是无穷无尽的，即便穷极一生也不能做到面面俱到，全部掌握。所以学习也是一门学问，一味地闷头苦读是不明智的，那么"学什么、如何学"就成了股市求学者需要最先解决的问题。

小心股市中的"毒蘑菇"

有关于股市分析的知识汗牛充栋，涉及各个方面。但是要注意的是这些"知识"并不都是有用的，就像森林里的蘑菇一样，形形色色，长什么模样的都有，有些外表光鲜，有些毫不起眼；有些美味多汁，营养丰富，而有些则剧毒无比，沾之即死。

吃了营养丰富的好蘑菇自然是很美，但若是吃了毒蘑菇难免就会对自己有害。知识也是如此，有些知识学了之后可以让你少走许多弯路，而有些知识学了之后却可以让你走上弯路。都说"庸医误人"，实际上，在股市中错误的知识"误人"误得更厉害。

有些知识是适应市场的，是正确的，而有些知识虽然看上去光彩夺目，却是一株有害无益的"毒蘑菇"。所以在学习时，首先要明辨是非，掌握股市真理。

当然，对于广大散户来说做到这一点是很难的。笔者建议，如果你分辨不出哪些"蘑菇"无毒的话，不妨相信那些经典的，或者有知名的成功先例的理论或者知识，因为虚假的东西就像海市蜃楼一样，再逼真、再漂亮终究只能昙花一现，凡是经受住时间考验的，经久不衰的理论和知识，都是有内涵的，都是值得学习和研究的。

除此之外还需要考虑学习者的个人因素，有些知识本身是没错的，但是有可能因为求学者本身性格、学识、理念等存在差别，而不适合某些群体或个人。就像每个人的体质都不同，有些蘑菇对别人来说是美味，对你来说就是剧毒，有些知识某一个人学了能够获利，而另一些人学了则毫无用处。

所以求学者在学习时要"知己"，要知道哪些知识是适合自己的，从而慎重选择，学习那些对自己有用的知识。

努力要往正确的方向，学习要学有用的知识，否则就是南辕北辙。牢记投资大师巴菲特的忠告："如果你走在错误的道路上，奔跑也没有用。"

提高学习效率

1. 全面掌握

知道了要学习什么,接下来要解决的就是怎么学的问题。股市的运行既遵循着恒久不变的秩序和真理,又无时无刻不在进行着发展和变化,任何偶然的因素都有可能是下一只"黑天鹅",但所有的偶然又组成了必然——历史总在不断重演。

所以作为投资者,我们不能像理解数学公式一样来理解股市中的知识。生搬硬套地机械式学习,不考虑当下市场的具体情况,只能适得其反。

所以学过的知识要能理解,要能掌握,要能举一反三。但想要做到这一点却并不像想象中那么容易,有这样一个笑话:古代某地主为自家孩子请了个私塾先生。第

> 嘿,看这里!
>
> 在澳洲黑天鹅被发现之前,17世纪之前的欧洲人认为黑色的天鹅是不存在的,常以"黑天鹅"来代指不可能存在的事物。黑天鹅的存在寓意着不可预测的重大稀有事件,它非常难以预测,在意料之外,却又改变一切。后用来隐喻那些意外性事件。

一天,先生教了小孩一个"一"字。第二天,先生想考考这个孩子,就随手拿起桌上的抹布在桌子上写了个大大的一,问:"这是什么字?",孩子看了半天后摇头称不知,先生气得吹胡子瞪眼:"这不是昨天教你的'一'吗?",孩子纳闷道:"才过了一天,怎么这个'一'就长大了?!"

在大家会心一笑的同时也请反思一下故事里的道理,同样的笑话是否也会发生在我们身边甚至是我们身上?

笔者身边就发生过这样的故事。学过K线知识的投资者都知道,在K线组合中,"上升三部曲"和"下跌三部曲"的形态和构成是完全相反的,所代表的意义也完全相反。有一次在和一位炒股票的朋友闲

聊的时候，发现他所关注的股票出现了"上升三部曲"，就给他详细地讲了一下这种K线组合的形态、意义以及需要注意的地方，当时笔者问他是否明白，他拍着胸脯说"完全掌握了"。

结果过两天他又拿了另一只股票，让笔者帮忙分析一下这只股票为什么会下跌，笔者一看这只股票的走势，下跌之前顶部一根长阴线，之后出现三根小阳线逐渐升高，第五天出现大阴线打穿前面的上涨，这不是标准的下跌三部曲么？当时笔者就问这位朋友，几天前教他的东西他还记得么？这位朋友记性不错，把上涨三部曲的形态要点背得滚瓜烂熟，看得出来回去是下过一番功夫的。笔者反问：那你不知道这只股票为什么下跌？朋友盯了半天走势图，还是一脸茫然，最后笔者把走势图截下来倒过来再让他看，他才恍然大悟。

像笔者这位朋友一样的情况还有不少，学过的知识背得滚瓜烂熟，但没有掌握，不能活学活用，学了守株待兔就去找个树桩等着兔子，学了愿者上钩从此钓鱼就把鱼钩掰直了，学了一加一等于二就不知道二减一等于一……这就是不会学习。

古人把不会学习的人分为三种境界：读死书、死读书和读书死。

读死书，就是指读一些刻板僵硬，没什么实际用处或无法解决实际问题的书，这种人只是不会选择知识，不知道什么样的知识是适合自己的。

下一种就叫死读书，书是好书，但读书的人有问题，学了之后不能灵活掌握，学了一就是一，不能举一反三，这样死板的学习是没有太大意义的。

学习学成这样就很危险了，如果有人能百尺竿头，更进一步，达到"读书死"的"最高"境界——只会读书，却不懂得将书中的道理运用于实际，那么对他来说读书的意义就只剩下浪费时间了。

学习的目的不光是为了知道，更是为了运用和掌握，就像吃饭的目的不只是为了不感到饥饿，更是为了给自身提供发展的能量和养料。所以作为成熟的投资者，不光要能学习，更要会学习，要能学以致用。

2. 抓住重点

会学习除了要能掌握和运用所学知识以外，提高学习的效率也很重要，同样的时间里掌握比别人更多的知识，自然能够更轻易的快人一步，而在股市里快人一步意味着什么相信大家都清楚，就不需要笔者赘述了。
想要提高学习效率，关键在于抓住重点。

人的思维是立体的，发散式的，像树状图一样的分叉扩散的，记忆也是如此，所以有时候一个点能连接一大串记忆。做个简单的比喻，比如看见交通灯就会想起

> 嘿，看这里！
>
> 人类大脑的自然思考方式就是放射性思考，人的每一个想法，接收到的每一个信息，都会以一个个互相关联的点的形式存在，任何一个点都可以成为关联所有点的中心，而所有的这些点就构成了人的记忆库。

汽车，进而想到安全带、交通警察、马路、斑马线、轮胎等一系列事物。在上面的例子中，交通灯就是串联许多事物的思维关键点，对于知识来说，串联大段知识的关键点就是重点，所以笔者强调要抓住重点。

知识的获取要分清主次，抓住重点。为什么有人学得快有人学得慢？就是因为思维的方式不同。一个点一个点的死记硬背自然费时费力，而且容易忘，如果由一个重点串联起大段的知识，提纲挈领，就能够记得又快又全。所以在记忆的时候找准关键点非常重要，先主后次，先重后轻，最好画出思维导图来，这样不仅能够提高学习的效率，还能够使你的思维更加活跃。

前面提到过，人的记忆是类似于树状图一样发散式的，而树有根，有树干，有枝叶，股市中的知识也是如此。理论重于理念，理念重于方法，理论就是根，理念就是树干，方法就是枝叶，所以我们学习和记忆时也要有条理，先掌握理论，再形成理念，最后学习方法。当然，事无绝对（比如本书中将要讲到的天枢模型就可以在一定程度上跳过形成理

念的过程），只是对于大多数人来说，这种记忆模式最容易记忆和掌握所学的知识。

书到用时方恨少，股市中就是这样，知识就是金钱，别等到真正需要用到这些知识的时候，才后悔自己当初学的太少。所以功夫用在平时，平时多流汗，战时少流血；平时多掌握，用时少亏损。

第二节 成熟投资者的第二步——积累足够的经验

前文中我们提到了"书到用时方恨少"，其实这是宋代诗人陆游的一副对联，流传得很广，下联是"事非经过不知难"，意思是一件事情，如果你没有亲身经历过，就不知道它有多难，就像从没有入过市的人永远体会不到股市中的艰辛和精彩。很多人入市之前学了些知识就觉得股市如此简单，自己进去一定能够大展拳脚，结果等到真刀真枪的开始操作，却在股市中碰得头破血流，没有经验永远不知道股市中的水有多深。所以说古人是很聪明的，古代虽然没有股市，但很多道理都是相通的，这副对联的上联强调了学习和积累的重要性，下联开始强调经验的重要性。

股市是一个变化多端但又蕴藏规律的地方，就像大海一样，表面看上去变化无常，但经验老道的水手仍然能够摸清大海的"脾气"，把握变化的规律，所靠的就是经验。就像巴菲特所说：你真能向一条鱼解释在陆地上行走的感觉吗？对鱼来说，陆上的一天胜过几千年的空谈。对于投资者也是如此，一次荷枪实弹的操作，远比一次一次的计划和预演要来得更有效。所以华尔街有"炒股10年亏钱，炒股20年不赚钱，炒股30年赚大钱"的说法，实际上就是凸显经验的重要性。

炒股是需要经验的，就像学游泳一样，准备得再充分，不喝上两口水是永远学不会游泳的。那么既然无论是否准备都要喝水，准备还有什么意义？准备的目的是为了少喝几口水。要是什么都不准备就一个猛子扎下去，不灌个水饱就别想上来，搞不好就沉底了。

提前的学习和准备可以节省大量的时间，就像你在岸上学会了游泳的姿势和换气的方法，到水里之后即便呛上几口水很快你就能适应实战，掌握技巧。而什么也不会就敢下水的，除了扑腾就是扑腾，扑腾半天，悟性好的也许能悟出个"狗刨"之类的一招半式，悟性不好的，在股市中扑腾个十几二十年还是股市小白的也比比皆是。

不可否认，股市中的投资大师们很多都是零基础入市，最终在实践中建立自己的一套体系，可这样的人毕竟是少数，全世界才有几个称得上大师的投资家？既然前人给我们铺好了路，我们又何必磕磕碰碰地摸着石头过河？《论语》中说："见贤思齐焉，见不贤而内自省也。"见到别人成功的经验要学习，见到别人失败的经验自己要引以为戒，摔跤之后学乖和看别人摔跤自己学乖，哪个好？

所以经验的获得有两种方式，一是吸取前人的经验教训，二是自身实际操作获得经验。两者是相辅相成的关系，但前者属于学习的范畴。关于学习，前文中笔者已经做过全面的阐述，而自身实际操作获得经验就需要一些技巧了。

不要"勇于吃饭，怯于作战"

很多人认为，在股市中打滚了很多年的老股民经验丰富，入市时间不长的就是没经验的菜鸟，这种想法实际上是一个普遍存在的认知误区。股市中经验的获得不仅仅是依靠时间的积累，许多知名的投资家十年八年就能从几千美金变成身家过亿，有些人十几二十年也没混出点名堂，可见经验的获取也是有效率的。股市不是一个媳妇当久了就能熬成婆的地方，有人在股市中几年就成熟老道了，有人十几年乃至几十年过去仍是新手。经验的获取不是煮汤，熬是熬不出来的，重要的是效率。

但是经验的获取就像学习游泳一样，学习游泳是要呛水的，经验的获取也是要冒着承受损失的风险的，所以我们要提高经验获取的效率，减少获取经验付出的代价。

提高效率的方法就是多实战。有些投资者知识学了很多，结果越学就越觉得学的还不够多，不敢把资金投入股市，最终穷经皓首，光有知识却不能把它转换成财富。其实对于投资者来说，学习就像是吃饭，操作就像是作战，有些投资者就属于"勇于吃饭，怯于作战"的情况。知识学了不少，但就是不敢实盘操作，总是对自己没信心。要知道，没上过战场的士兵永远只能是新兵，学的东西再多，理论掌握得再牢固，没有实践相结合也是纸上谈兵。

所以投资者既要勇于吃饭，又要勇于作战，面对风险应该控制而不是逃避，如此才能尽快的获得经验，尽快成为成熟的投资者。

但反过来说，初生牛犊不怕虎，新股民在毫无实战经验的情况下，直接大资金入市操作也是不合适的。这就像一个年轻的将领，可能满腹兵书，但是经验不足，让他直接指挥大军团作战也是不合适的，万一遇上白起呢？我们的目的是尽可能多的获取经验，尽可能少的承担风险。

> 嘿，看这里！
>
> 白起（？—前258年），也叫公孙起，号称"人屠"，郿县（今陕西郿县东北）人，战国时期秦国名将，素以韬略著称，在长平之战中击败了缺乏实战经验的赵括，全歼40万赵军，赵国从此一蹶不振。

减少风险的方法就是减小操作规模。对于缺乏经验的投资者来说，想要获得经验，小资金短线操作是最合适的，因为短线是积累经验最快的。有些做长线的投资者，平均半年买卖一次，入市好几年买入和卖出的次数一只手就能数得过来，这样他的经验可能还不如一个入市几个月的短线投资者。在操作时可以相对频繁地买进卖出，但有两个要点，第一是小资金操作，第二是做好止损。

小资金操作即使出现失误也不会伤筋动骨，做短线相对频繁地买进卖出可以获得更多的实战经验，对于理论与实践的融合非常有帮助。最后一定要做好止损，养成及时止损保住本金的习惯对于提高投资者的资金安全性非常重要。

善于总结经验，发现规律

回顾证券历史，有无数前辈的身影，有无数金色的传奇。我们会发现那些创造获利奇迹的大师们，他们的传奇故事往往都是由规律的发现开始的。

查尔斯·亨利·道（Charles Henry Dow，1851-1902）从市场的运行趋势中发现了规律，提出了道氏理论，成为技术分析的先行者。

威廉·江恩（William Dilbert Gann，1878-1955）发现了几何学与市场运行之间的规律，成为20世纪最著名的投资家之一，至今仍为世人传颂的预测大师。

本杰明·格雷厄姆（Benjamin Graham，1894-1976）从市场价值与价格的变化中发现了规律，最终成为价值投资的鼻祖，一生获利无数的华尔街教父。

……

股市发展的过程其实就是一个不断发现规律的过程，每一个规律的发现都伴随着大量的利益，甚至会产生新的传奇。

时至今日，市场风云变幻，而历史总会不断重演，在股市的大潮中，谁会是下一个传奇？

真正经验的获得并非仅仅依靠学习和实践，还需要总结。要透过现象发现本质，才能总结出规律。法国著名雕塑家奥古斯特·罗丹曾经说过：生活中从不缺少美，而是缺少发现美的眼睛。同样的道理，股市中也从不缺少可以获利的规律，仅仅需要发现和总结规律的人。

不要被前辈们的名字和事迹吓到，规律的发现并不像你想象中那么难，很多规律就在我们身边，就像埋藏在黄沙里的金子，唯一需要你做的仅仅是观察和发现，留心身边的细节，你会发现海滩上某一只不起眼的贝壳中就藏着你一直想要的那颗珍珠。规律离我们并不遥远，规律的发现也并不艰难，也许仅仅是对经验的总结，也许仅仅是灵机一动的爆发，任何一条规律的发现都可以让你受益终生。

规律的发现不需要多么高超的智慧，所需要的仅仅是细心的观察，善于总结。从下面一幅图中，我们能发现什么规律？

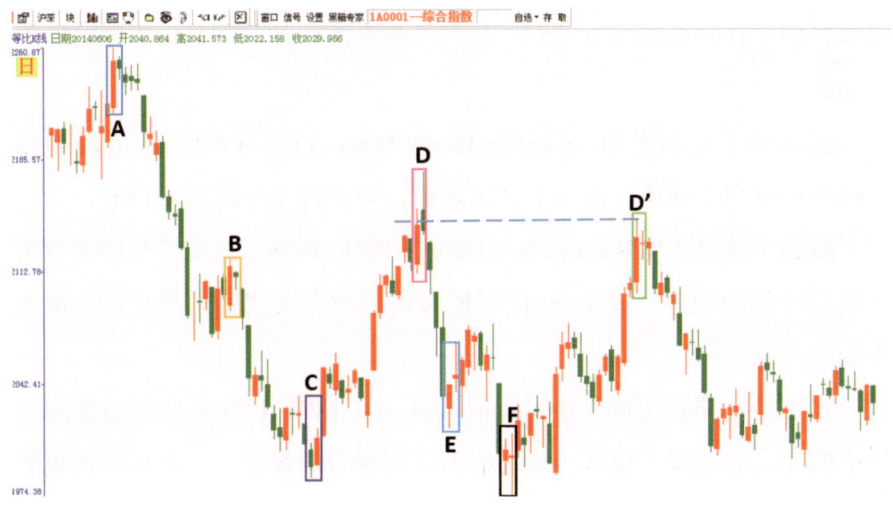

图 3.2.A 上证指数日线走势图

图 3.2.A 是上证指数 2013 年 11 月 20 日到 2014 年 6 月 6 日的日 K 线走势图。图中我们可以看到，随着指数的波动产生一个个高低点，这些高低点有些是趋势的转折点，这种情况出现之后往往会出现长时间的上涨或者下跌，我们称之为大顶或者大底；有些则是短暂的回调或者反弹开始点，后期指数还会运行到转折点附近，这种情况被我们称之为小顶或小底。作为投资者，我们几乎每天都在与股价的顶和底打交道，研究它们的形成原因，研究它们对后市的影响等等，那么你是否关注过大底或大顶的形态与小底或小顶的形态之间的区别呢？

判断一只股票的头部或者底部是不是大顶或者大底的标准是什么？

这是长久以来困扰很多投资者的问题，然而当你困扰的时候是否着手研究大的顶底形态之间的共性？如果你的答案是没有的话，那么又有一条可以为你带来利益的规律险些与你擦肩而过。

当然你只是"险些"错过它，下面笔者将为大家介绍大顶、大底、小顶、小底之间的形态规律，以及这些规律是如何总结出来的。

规律的发现依赖于细致的观察，首先我们在图3.2.A中用不同颜色的方框标记出重要的顶底，并用字母A、B、C、D、E、F分别标记。

如图3.2.A所示，2013年11月大盘先是震荡，震荡到A点（2013年12月4日）处出现一根大阳线，这根大阳线的高点是最高点，收盘点位为最高收盘点（图中蓝色框线标识），然后指数一路阴跌，此处形成一个大顶。那么它的形态特点是什么？顶部处形成阳包阴的形态，在最高点这根K线的收盘点位为最高点。但是我们不能根据这一个例子就武断地认为这就是大顶形成的条件。

继续往后看，指数运行一段时间之后，在B处（2013年12月31日）出现了第二个头部（图中黄色框线标识处），可以看到B处的形态和A处很相似，同样是阳包阴，并且最高点这根K线的收盘点位为最高收盘点。当B处出现之后指数又开始长时间地下跌，所以B处也是一个大顶，那么我们可以得出结论：

大顶的判断标准就是走势最高点K线的收盘点位是最高收盘点（经常伴随着阳包阴的情况出现，但阳包阴不是大顶出现的必要条件）。

一旦走势中出现这种顶部就需要投资者提起万分警惕。因为一旦出现这种头部，可能会有持续半年或一年，甚至是更长时间的下跌，并且在相当一段时间之内指数很难再回到之前的高点。

出现这种情况是因为这时市场的获利已经达到了最终的饱和状态，当最后一个人卖出的时候，市场仍然选择向上涨，结果在达到饱和状态后，第二天开始低开低走，一路下跌，说明市场中的这次头部已经被大多数人所认同，是买方卖方的供需达到平衡后出现的下跌，这种头部一旦出现就是大顶，投资者必须要谨慎！

看完了大顶，我们再来看大底。B 处第二个头部出现以后，指数继续一路跌下去，在 C 处（2014 年 1 月 20 日）出现了最低点（图中紫色框线标识）。图中 C 点出现之后指数开始了长达一个月的上涨，则可以判断 C 点是一个大底。仔细观察，我们可以发现，C 点处的形态和 A、B 点处正好相反，走势最低点 K 线的收盘点位是最低收盘点。那么我们可以得出结论：

大底的判断标准就是走势最低点 K 线的收盘点位是最低收盘点。

大底出现的原因是一只股票的走势出现了低点以后，经过一路下跌出现了最后一根阴线，此时市场的成交量已经萎缩到极致，市场的套牢筹码中散户的部分已经割肉完毕，追进的人也停止了买入，这种情况下突然出现了一根高开高走的阳线，如图 3.2.A 中的 C 处，这根 K 线出现的原因有可能是利好消息，也有可能是主力所为。总而言之，这根阳线的最大特点就是，收盘点位和最低点位都比前一阴线要高，即波段的最低点就是其最低收盘点。指数的走势一旦产生了这种底部，往往上涨持续的时间会比较久。

如果一只股票出现这种情况，就可以判断这次可能不是反弹而是反转了。

指数在经过一轮上涨之后在 D 处（2014 年 2 月 20 日）出现头部，与形成大顶的情况不同的是，走势的最高点这根 K 线的收盘点位不是最高收盘点位（图中粉色框线标识），那么可以判断此处并非大顶，则 D 处是小顶。可以判断后期市场还会运行到这个高点附近，指数后期的走势果然在 2014 年 4 月 10 日到达了 D′ 点处（图中绿色框线，蓝色虚线标识）。那么我们可以得出小顶的判断规律：

小顶的判断标准是走势最高点 K 线的收盘点位不是最高收盘点位，并且下一个交易日收低。

小的顶部出现之后，第二天指数会收低，如图中框线 D 标识，紧接着指数开始下跌。这样的头部表面看起来很可怕，其实并不可怕，尤其是在单边上涨的股票里面出现的最多。出现这种情况以后需要留心，回调完毕往往是个买点，指数往往还会在短期内触及到此高点，还有上涨的可能性。

继续追踪指数的走势，当市场运行到 E 处（2014 年 2 月 26 日）时（图中蓝色框线标识），指数出现一个底部，想要判断这个底部是大底还是小底，我们来分析一下，E 处的阳线是低开的，说明市场低迷。它的开盘点、收盘点、最高点和最低点这四个点位中，只有收盘点位比昨天高，其他三个点位均比昨天要低，说明此处的形态是短线客所为，后期走势往往是反弹之后继续下跌。那么我们可以得出小底的判断规律：

小底的判断标准就是走势最低点 K 线的收盘点位不是最低收盘点位，并且最低点 K 线的下一交易日收高。

小底的特点是什么？有些人可能会以为它是一种好现象，实际上对于想要抄底的投资者来说，小底就像是股市中的陷阱一样。如图 3.2.A 中 E 处指数的走势前期一路下跌，在下跌过程中市场走弱，最低点处的 K 线突然低开高走，当天就涨上去了。当天涨上去说明市场看多，而当天低开说明中期市场依然看空，这样矛盾的结果就是出现一根低开高走的阳线或者是十字星、小阳线——可以有多种走法，但其中的共性一定是收盘比开盘高。这样的形态说明这种走势都是短线客所为。短线客拉升以后，股票会快速回调，并且还会保持原来的趋势——下跌。

当这种情况出现之后，如果你被套住了，记住一定要快速离场。如果不离场随着下降趋势的持续，损失会越来越大。

当市场继续运行至 F 处（2014 年 3 月 12 日）时（图中黑色框线标识处），出现了最低点，是一根十字星阳线。想要判断这个底部是大底还是小底，我们来看这里 K 线的形态。指数从前期高点一路跌下来，这根十字星阳线的低点是目前的最低点，收盘点位也是目前的最低收盘点，符合大底的形态要求。因此，我们可以将其判定为大底。

之后市场一路上行，直至 D′ 点处见到头部，最高点这根 K 线的收盘点位是最高收盘点位，又是一个可怕的大顶，随后指数开始了一路下跌，短期之内很难再回到这个头部。

由上面的案例中我们总结出了大顶、大底、小顶、小底的形态结构规律，如下图：

我们可以得出波段高低点的判断规律，如图 3.2.B 所示。

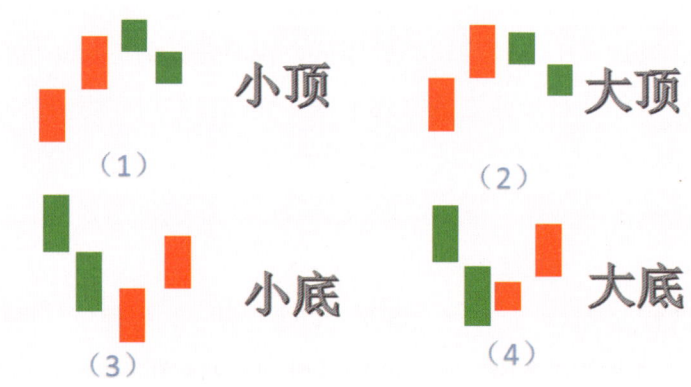

图 3.2.B 大 / 小顶和大 / 小底

波段低点：当日 K 线的最低价低于前一交易日的最低价而价格收高。
波段高点：当日 K 线的最高价高于前一交易日的最高价而价格收低。

大底、大顶或反弹、回调，最简单的判断依据就是如此，最高价又是当日最高收盘价的情况往往就是大顶，反之最低价又是当日最低收盘价的情况往往就是大底。而波段最高点或最低点不是最高或最低收盘价，往往意味着短期头部或底部。

这是大顶、小顶、大底和小底的区别。各位读者可以仔细分析一下，这四者中大顶和小顶、大底和小底的区别都有哪些？

首先来看大顶，如图 3.2.B（2），一旦出现这种头部，表面看上去可能觉得没什么，先是一根大阳线，第二天就开始下跌，你可能会觉得这种头部的出现是主力也套在里面了——这是大家都爱说的一句话,但实际上这是主力故意做出的 K 线形态,并不是主力套在里面了。这种情况和真正的主力被套的区别在什么地方?我们判断的标准又是什么呢?

在图 3.2.B(1)小顶里面,左起第二根大阳线和第二天冲高说明市场的买入气氛很高,冲高以后回落说明这是短期顶部。

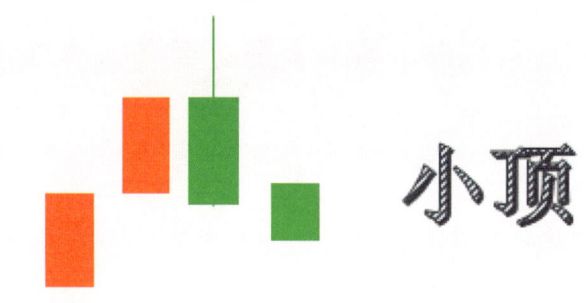

图 3.2.C 小顶示意图

这种情况还不是最明显的,有些股票平开高走有上影线,但是收盘价比阳线低,如图 3.2.C,说明做短线的投资者买入了,买入之后发现股价没有拉起来,觉得有风险,于是又卖出;或者是主力为了拉高出货,高开把一些人骗入市场,借此短线的人出来。短线客出来以后,股票开始下跌,在这里洗出去的都是市场中的浮动筹码,股票往往会在短期内见低点,然后再创新高。

大底和小底之间的区别大抵也是如此,有兴趣的读者朋友可以总结一下,在这里笔者就不浪费篇幅多做赘述了。

前文中我们总结出了大/小顶和大/小底的形态规律,但是需要注意的是,在实际使用中笔者发现,由于主力的骗线行为,这条规律并不是百分之百准确。也就是说出现这种形态,不一定是大/小顶和大/小底,但却是在出现大/小顶和大/小底之前,必然要出现对应的一种形态。

在实际操作中,我们可以用这种方法去判断股市中的每一个顶部或者底部，进行大/小顶部或底部的识别。

前文中我们仅仅是通过对于股价运行中常见的顶部和底部进行研究，就总结出了可以用于判断波段顶底的规律。就像笔者说的那样，规律就在我们身边，发现它也不需要多么高的智慧，只要细心观察，善于总结，也许你就会成为股市中下一位获利传奇。

第三节 成熟投资者的第三步
——摆脱"思维习惯"和"股市常识"的束缚

笔者曾在朋友间做过一个实验，分别单独问他们同一个问题：三点水加个"来"念什么？有人认识这个字念"涞（lái）"，有人不认识；笔者又问他们：三点水加个"去"念什么？这下都回答不上来了。三点水加个去不就是"法"么？这个字每天都看到，熟得不能再熟了，但是大多数人都想不到，为什么？因为惯性思维，认为三点水加个"来"都那么生僻了，三点水加个"去"也不会简单到哪里去。

实际上，惯性的力量有时简直强大到令人不可思议，笔者前两天在一篇文章中看到，当今世界上最先进的铁路运输系统的设计，竟然受到两千年前的人们习惯的影响——铁轨之间的宽度正好是两匹战马屁股的宽度。

美国铁路两条铁轨之间的标准距离是4.85英尺。为什么是这个标准呢？既不是因为这个标准最科学，也不是因为这个标准最省材料。仅仅是因为美国最早的铁路是由英国人设计建造的，而英国的铁路是由建造电车的那批人设计的，可最先造电车的人以前是造马车的，他们习惯性地把马车的轮宽搬到了电车上。据查，英国老路的辙迹宽度是罗马战车形成的，而罗马战车的轮宽恰恰是两匹拉战车的马屁股的宽度。可见惯性思维的力量有多么强大，它能够在不知不觉间影响人们的思维，让人们按照某种固定的模式思考或者行动，而这些现象却常常作为一种弱点而被别人利用。

提到对惯性思维的利用，无能出人类其右者。比如：驯养大象。提到大象，给我们的第一印象就是庞大、强壮、有力量。

大象在国内不多见，但是在印度和泰国就有不少，因此诞生了一种职业叫"驯象人"（在国内类似的职业叫动物饲养员），你说大象动辄千斤重，这些驯象人平时把它们放在哪里？足以装下一只大象并且足够结实的笼子么？不，这太麻烦，也太不经济了，实际上拴住一头千斤重的大象，只需要一根小小的柱子和一截细细的链子。

你觉得这不可能，很荒谬？可这荒谬的场景在印度和泰国随处可见。

原因就在于那些驯象人在大象还小的时候，就用一条铁链将它绑在柱子上，小象自然无法挣脱铁链和柱子的束缚，渐渐地习惯了不挣扎，等到长成了大象，可以轻而易举地挣脱链子时，在它的思维中，已经形成了链子挣不断的"常识"，自然也就不会再尝试挣扎了。

在嘲笑大象的愚蠢，或者感叹大象的不幸之前，让我们先反思一个问题：你怀疑过长久以来你认为理所当然的那些"股市常识"么？你觉得那些主力不会利用你在股市中的"常识"么？

仔细一想，是不是有一种毛骨悚然的感觉？掉进陷阱吃了亏不可怕，可怕的是掉进陷阱之后还不知道为什么掉进去，下次遇到同样的陷阱依旧躲不过去。

所以作为成熟的投资者，就要打破思维"习惯"和所谓"常识"的束缚，否则你永远看不清股市的真相。

设想一下，当股价在下跌的途中开始反弹时成交量反而降低，你会买入么？反过来如果出现反弹放量的情况你会买入么？

笔者可以肯定，选择反弹缩量不买而反弹放量买入的绝对不占少数，那么你根据的是什么？是什么告诉你反弹缩量不安全而反弹放量是机会呢？

——量在价前行嘛，没量怎么会涨呢？这是常识！

注意，这是"常识"。我们来看下面一幅图：

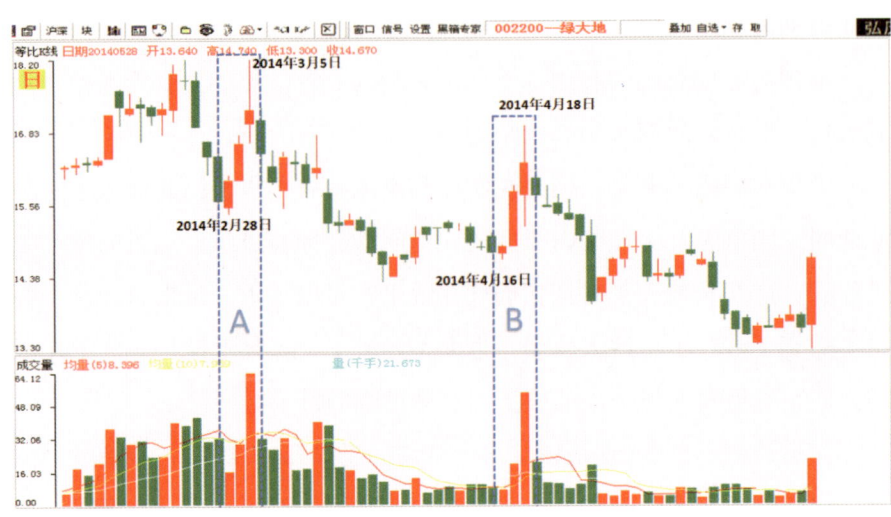

图 3.3.A 绿大地日线走势图

图 3.3.A 是 002200—绿大地从 2014 年 2 月 7 日到 2014 年 5 月 28 日的日 K 线走势图，图中我们可以看到在 2014 年 2 月 28 日之前股票从高位下跌完毕以后，在 2 月 28 日开始出现反弹。很多短线投资者喜欢做反弹，即使不是做短线的投资者也经常会关注股价的运行是否已经到达底部。那么你是否留意过在股价大幅度反弹时，成交量是如何变化的呢？

图中我们可以看到，框线 A 中从 2 月 28 日到 3 月 5 日出现了持续 3 天的反弹，在反弹期间成交量一天比一天大，这很符合许多投资者"量在价前行"、"量价配合"的观点，然而"量价配合"的背后又是什么呢？股价在 2014 年 3 月 5 日出现最大的成交量处见顶。

在很多投资者的认知中，股价的上涨是需要成交量来配合的，但是在反弹时也是如此么？不要被惯性思维所束缚，三点水加个"来"很生僻，不代表三点水加个"去"也很生僻，其他情况下价格的上涨需要成交量的配合不代表反弹的时候也是如此。实际上情况正好相反——在股价反弹时如果成交量同步配合放量的话，这次反弹的幅度往往会不尽人意。

在这里笔者要强调一下判断反弹放量的标准，相信这也是一些投资者疑惑的地方，放量往往是指股价从一个高点开始下降以后，从起跌点

（即开始下跌的高点）到反弹高点这段时间内，如果成交量超过了起跌点以来的最大成交量，就称之为放量。如图 3.3.B 所示：

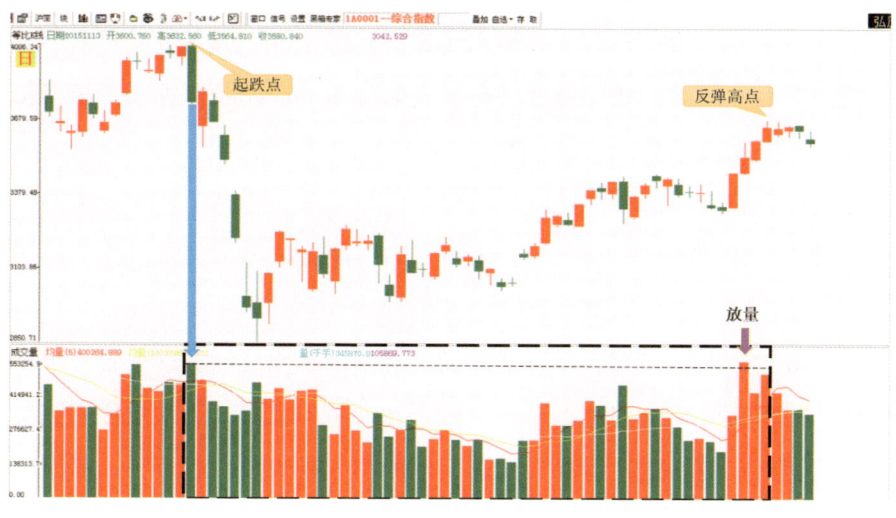

图 3.3.B 放量图解

图 3.3.A 中框线 B 处也是一样，股价一路下跌到 2014 年 4 月 16 日开始反弹，4 月 16 日至 4 月 18 日连续 3 天的反弹伴随着成交量越来越大，股价最终在 2014 年 4 月 18 日出现 3 天以来最大成交量时见顶。那么在反弹时成交量如何变化才是股价将会持续上涨的征兆？具体案例如下：

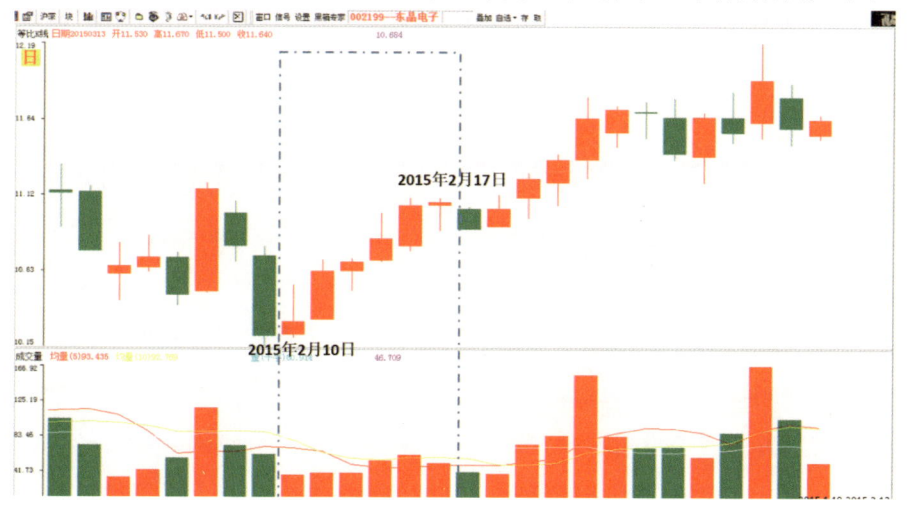

图 3.3.C 东晶电子日线走势图

图 3.3.C 是 002199—东晶电子从 2015 年 1 月 29 日到 2015 年 3 月 13 日的日 K 线走势图，2015 年 2 月 10 日之前，股价结束下跌，走势见底。2 月 10 日开始反弹，框线中持续六个交易日的上涨，成交量反而缩小，并且上升开始之后，成交量也没有显著的变化，最终股价进入了相当长一段时间的上涨走势。

所以我们可以总结：股价下跌开始反弹时成交量越小越好，反弹放量代表卖压重，随后股价往往会快速下跌，反弹量小意味着上涨的时间和空间会较高，直至放量结束。

这条性质和很多投资者所认为的"常识"是相反的。这也就是很多投资者把握不住机会的原因。一只股票在即将上涨时，下跌反弹的成交量越小越好，越小就意味着上涨的空间和时间越大。在股市中，错误的想法决定错误的行为，错误的行为导致错误的结果，当一只股票股价开始反弹的时候，经常会听到身边的股民疑惑不已——怎么没有量呢？殊不知，没有量才是好的机会，如果一定要等反弹有量才买入，风险就离你不远了。

所以在股价反弹的时候要警惕放量，一旦出现放量往往是反弹结束的讯号。判断一只股票的好坏，最简单的方法就是看股价出现最高点的那根 K 线是不是伴随着最大成交量。如果股价出现最高点的那根 K 线伴随着最大成交量，则可以判断这只股票仍处于下跌时的反弹或者是熊市中。

反之，如果股价出现最高点的那根 K 线并没有伴随着最大成交量，则回调以后股价很有可能还会创新高，并且这只股票可能还会长期走牛。判断一只股票会长期走牛的条件也只有这一个——最高点不是最大量。

如果你的股票从高位跌下来了，这种情况下要想解套卖掉，就要等股价反弹到较高一些的位置。下跌之后的反弹，如果发现是伴随着小成交量的反弹或者是没量反弹，那么本次反弹的时间和空间都会比较大，可以抓住此次机会获利或者解套。需要注意的是，一旦发现开始放量，就应该卖出股票。

人类天生就是容易被习惯控制的生物，我们经常会年复一年地购买同一种牌子的洗发水，钟爱同一种牌子的啤酒，偏好同一种口味的食品，从快捷食品到日常生活用品，这样的例子数不胜数。然而在生活中最容易预测的就是惯性运动，因为只要了解运动的规律，对你来说它几乎是没有任何秘密的。

在股市中，大家都在预测别人的行为，散户在预测庄家的行为，同时庄家也在算计散户会怎么做，你的行为一旦能够被预测就会成为弱点。在这种情况下，作为投资者，任由自己被思维习惯支配，就像打牌的时候把自己的牌让给对手看一样危险。

小 结

美国作家埃德温·勒费弗（Edwin Lefevre）在他的著作《股票作手回忆录》中说："投机像山岳一样古老。"笔者深以为然，关于投机的记载甚至可以追溯到我国的春秋战国时期。

据史载，春秋战国时期，越国败于吴国而被迫称臣，后来越王勾践使用范蠡的老师计然对经济方面的建议，结果"修之十年，国富"（原文出自《史记》），越国的经济得到了长足的发展，最终"三千越甲可吞吴"（原文出自蒲松龄自勉联）。

后来范蠡退隐之后用他老师的理论，化名"朱公"经商，不到十年即富甲天下。而范蠡总结辑录老师计然言论所成的《计然策》一书，被天下商旅称之为"绝世富经"。

在两千四百多年之后的今天，作为后来者，我们仍然能够从前人留下的文献中获得宝贵的知识和经验，作为投资者，想要成功必不可少的条件之一，就是要学会按价值规律办事，在这方面

模型理论 4

固定模型体系

有无数前人的经验和知识值得我们学习、参考。

价值投资大师沃伦·巴菲特曾说过:"任何不能永远前进的事物都将停滞。"证券是值得投入的事业,不断地充实自己才不会被市场所淘汰。在入市之前做好准备,即使你已经在股市中饱经沧桑,也不能忘记学习和研究,保持赤子之心,相信你的努力终会得到市场的回报。

第二卷　决策之道　断如雷霆

——投资离不开决策

投资，把握先机很重要。

股市中总是先知先觉者得益，所以决策一定要果断，犹豫只会让你错失良机。但果断不是鲁莽，雷厉风行是建立在有把握的基础上，那些迫不及待拿全部身家去赌小概率暴富机会的人是赌徒，不是投资者。

有人说股市就是赌博，但笔者认为，只有不成熟的投资者才会把投资做成赌博。像赌徒一样炒股，股市给你多少就能拿回多少。因为在投资中，没有人能够次次都正确，只有学会处理错误，才真正开始能够在股市中积累财富。

处理错误同样要果断，《了凡四训》中如是写道："小者如芒刺在肉，速与抉剔；大者如毒蛇啮指，速与斩除，无丝毫凝滞，此风雷之所以为益也。"意思是说，小的过错就像芒刺扎到肉里，要尽快剔出来，大的过错就像被毒蛇咬到手指一样，就算再不舍也要雷厉风行的斩断，以避免更大的损失。

就像华尔街投资大师伯纳德·巴伦奇说的那样："如果投机家有50％的选择是正确的，那他就是很幸运了。假如他意识到自己的错误，并能及时止损的话，即使只有30％～40％的选择是正确的，他也有机会给自己创造足够的财富。"

投资离不开决策，决策就应该断如雷霆，判断并且抓住一闪即逝的机会，一旦发现错误也要学会果断止损，绝不犹豫，断如雷霆才是决策之道。

在本卷中，笔者会为大家介绍四个用于判断、决策的模型，分别是可以判断调整的区间整理模型；可以判断支撑和压力的乾坤入袖模型；用于判断启动点的U点启动模型和用于判断买卖点的最佳决策模型。

在股票市场上，寻求别人还没有意识到的突变。

——索罗斯

第四章　天枢模型之区间整理
——短期价格调整的判测模型

生活中我们经常夸赞一些人有远见，并且深深羡慕这些有远见的人。在股市中更是如此，因为他们总是能够抓住别人抓不住的机会来获取利润，在获利之路上他们总是快人一步，简直就像是先知先觉一样，那么他们是如何做到"有远见"的呢？

西汉辞赋家司马相如在他的《谏猎书》中这样写道："明者远见于未萌，智者避危于无形。"

只有能够"见于未萌"才能称之为远见，在事情尚未发生之前洞察蛛丝马迹，从而准确的预测未来的发展，获利自然是水到渠成的事情。

本章中笔者所要介绍的，就是这样一种能够让您"远见于未萌，避危于无形"的模型。

第一节　见微知著——索罗斯的成功之道

众所周知，股市中总是先知先觉者获利。而投资大师乔治·索罗斯无疑就是一位先知先觉者——他用自己的获利传奇充分地证明了这一点。

索罗斯被誉为"最大的投资家，最大的预测家，超级的冒险家，最成功的金融家"。他有一句名言："在股票市场上，寻求别人还没有意识到的突变。"索罗斯是这样说的，也是这样做的，他很善于发现并利用市场中的突变来获取利润。

20世纪60年代末，索罗斯敏锐的发现了高科技公司对社会事业性投资者具有相当的吸引力，并且进一步判断出那些"赌博性投资经营者"的偏见可能会导致集团公司的股价被抬高。于是他抓住机会大量购进此类股票，并在市场开始冷却时抛售这些集团公司的股票，获取了相当可观的利润。

1972年，索罗斯发现受过高等商业教育的新一代银行家正在崛起，并由此推测出银行业将迎来新的发展时机，在那段银行股票低迷的时期提出了与大多数投资者不同的观点，之后发生的事情再次证明了"真理掌握在少数人手中"这句话的正确性，索罗斯从银行股票的上涨中获得了50%的利润。

索罗斯从1953年开始涉足金融业，到2011年时他已经身家高达145亿美元，在《福布斯》全球富豪榜排名第46位。

"寻求别人还没有意识到的突变"这是索罗斯理念的一部分，也是他的获利之道，这位投资大师善于发现所有人尚未意识到的投资机会，这种理念让他获得了丰厚的回报。所以作为成熟的投资者，要能够见别人所未见，闻别人所不闻，做到别人做不到的事情才能够获得丰厚的利润。

结合这种理念，笔者开发了区间整理模型，这种模型能够帮助投资者通过市场运行中的微小变化来预见是否会出现调整，寻求到别人意识不到的突变，从而规避风险，获取利润。

第二节 区间整理的形态公式

简单来讲，区间整理模型是通过相邻几根 K 线之间价格区间的关系，来判断股价下一步的走势是否会出现调整的一种模型，其形态公式有两种。

上涨整理形态公式

如果市场正在上涨，某个交易日的价格区间（即股价振幅）大于前一交易日价格区间的两倍以上，且前一交易日的最高价大于之前两个交易日的最高价，那么行情将会出现整理。如图 4.2.A 所示：

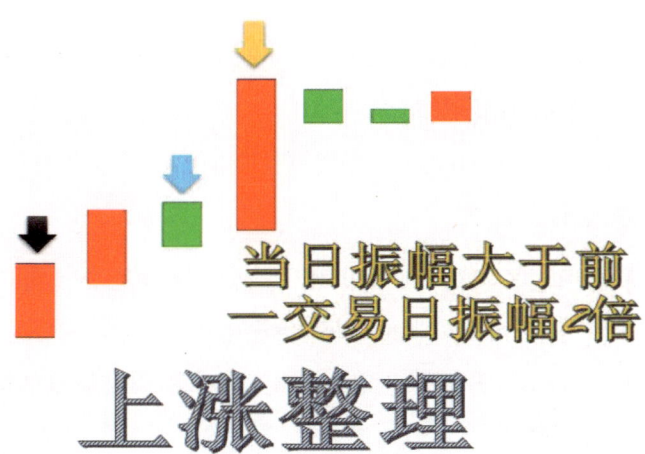

图 4.2.A 上涨整理形态公式

从图 4.2.A 中我们可以更加简单的理解上涨整理形态公式，实际上，上涨整理的形态公式共分为三个部分：

1. 市场正在上涨；
2. 某个交易日股价振幅大于前一交易日股价振幅的两倍（图中黄色箭头）；
3. 前一交易日（图中蓝色箭头）的最高价大于之前两个交易日的最高价。

我们可以通过将公式分为这三个部分，来更加直观更加简单地理解和记忆上涨整理形态公式。

上涨整理的形态公式最主要的功能是用来判断追涨的安全性。在实际操作中，如果你发现当日的价格区间大于前一交易日的价格区间的两倍或以上，尤其当前一交易日的K线是一根小十字星，而当日K线是一根大阳线时，股价就会有调整的风险。

同时我们还要关注公式中第三个条件，即前一交易日的最高价比其前两个交易日内的最高价都高。这种走势说明之前市场呈现上升趋势。如果之前市场是横盘趋势的话，即使出现前一交易日是个小十字星而当日是一根大阳线的情况，也不会对股市的运行造成影响，无从判断调整的发生，这一点是使用区间整理模型（包括我们后面将要讲到的下降整理形态公式）时必须牢记的。

下降整理形态公式

下降整理形态公式是与上涨整理形态公式相对应的，即如果市场正在下跌，某个交易日价格区间（即股价振幅）大于前一交易日价格区间的两倍以上，且前一交易日的最低价小于之前两个交易日的最低价，那么行情将会出现整理。如图 4.2.B 所示：

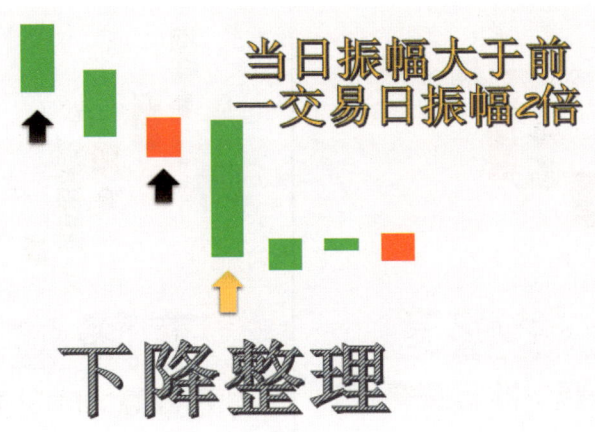

图 4.2.B 下降整理形态公式

同样的，下降整理形态公式也分为三个部分：

1. 市场正在下跌；
2. 某个交易日股价振幅大于前一交易日股价振幅的两倍；
3. 前一交易日的最低价小于之前两个交易日的最低价。

一般来说，如果某个交易日的价格区间大于前一交易日价格区间的两倍以上，行情将会出现整理，区间整理的名字也是由此而来。在经过一段延伸性的走势之后，这种情况将会更明显。

需要注意的是，在区间整理模型的形态公式中我们研究的是价格区间，即当日最高价减去当日最低价，也就是我们所说的振幅，价格区间和 K 线实体的长度并没有必然联系。这是很多投资者容易出现的误区，哪怕某个交易日出现的是十字星，如果当日的振幅大于前一交易日振幅的两倍，则股价往往就会产生调整。这种价格移动往往与短期趋势迟滞相关，或者至少会在强势或弱势之后出现合并整理。

下面我们来仔细分析一下区间整理模型的两种形态，笔者用数字将两种形态公式图中的 K 线做了标记，如图 4.2.C 所示：

 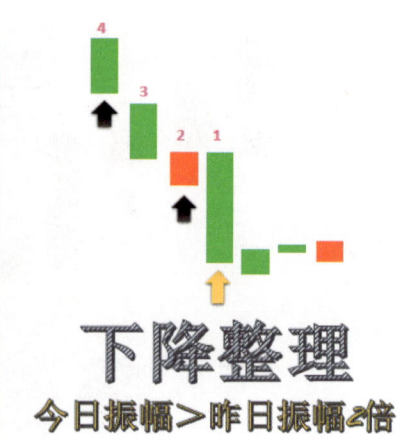

图 4.2.C 区间整理的形态

如图 4.2.C 所示，左侧是上涨整理形态图，图中蓝色数字 1 处是一根大阳线，振幅明显大于前一交易日振幅的两倍，说明左侧 1 处可能会出现调整。前文中笔者说过，上涨整理的形态公式实际上分为三个部分，当日振幅大于前一日振幅的两倍只是其中一个部分，在实际使用时，我们还需进一步确认，左侧 1 处前一交易日 K 线（蓝色 2 处）的最高价必须比它之前两个交易日的 K 线（蓝色 3、4 处）的最高价都要高，才能说明这是上升趋势。根据上升整理形态公式，上升趋势下出现如图中的走势，说明股价的运行即将开始整理。

反之也是如此。如图 4.2.C 右侧粉色数字 1 处出现一根阴线，其振幅大于上一交易日（粉色 2 处）的两倍，而右侧 2 处 K 线的最低点比之前两个交易日的 K 线（粉色 3、4 处）的最低点都低，符合下降整理形态公式，因此我们可以判断股价的运行将在 1 处大阴线之后出现调整。

在实际使用中还有许多需要注意的地方，下一节笔者将选取几个典型案例为大家详细讲述区间整理模型的用法。

第三节　区间整理的实战案例

下图是 002030—达安基因的日 K 线走势图，这是一个相当典型的案例，我们可以看到，图中走势既有上涨整理形态，也有下降整理形态。

上涨整理形态案例如下：

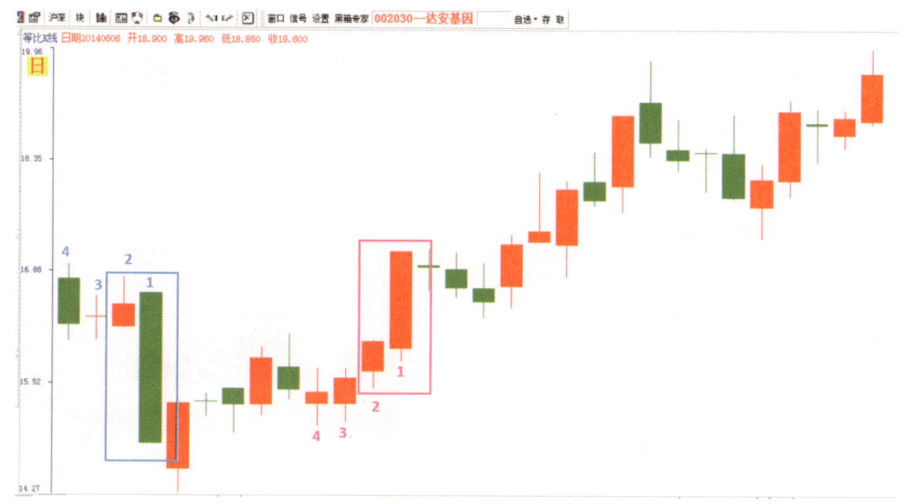

图 4.3.A 达安基因区间整理判断

如图 4.3.A 是 002030—达安基因的日 K 线走势图，图中粉色 1 处出现一根阳线，涨幅较大，而前一交易日（粉色 2 处）则是小幅上涨，粉色 1 处 K 线振幅明显大于粉色 2 处 K 线振幅的两倍。因此，我们可以初步判断，粉色 1 处 K 线之后的走势可能会出现调整。

下面我们需要进一步确认市场走势是否符合上涨整理形态公式。首先看粉色 2 处 K 线之前两个交易日（粉色 3、4 处），图中我们可以看到这两个交易日的最高价明显低于粉色 2 处的最高价，符合上涨整理形态公式，因此我们判断粉色 1 处将会出现调整，而股价的实际走势也验证了我们的判断。

下面我们来看下降整理形态，图中蓝色 1 处出现一根大阴线，其振幅比蓝色 2 处 K 线的振幅大两倍以上，但是蓝色 2 处 K 线的最低价没有低于它之前两个交易日 K 线（蓝色 3、4 处）的最低价，不符合下降整理形态的要求，所以不能判断股价是否会发生调整。图中可以看到，股价在蓝色 1 标记的 K 线之后没经过调整就开始上涨。

如果我们只看到蓝色 1 处 K 线振幅是前一交易日的两倍，就盲目判断股价将会发生整理，那么就有可能会蒙受损失，所以各位读者在学习的过程中，一定要将笔者在前文中提到的形态公式的几个条件记完整，好的方法如果不能正确地使用，不但不能达成目标，甚至有可能会起到反效果。

区间整理判断案例如下：

图 4.3.B 国睿科技区间整理判断

图 4.3.B 是 600562—国睿科技的日 K 线走势图，我们可以看到市场的走势和图 4.3.A 中的走势很相似，图中 1 处出现涨停，振幅比 2 处 K 线振幅大两倍以上，且 2 处 K 线的最高价大于其之前两个交易日 K 线（3、4 处）的最高价，符合上涨整理形态公式，所以我们可以判断，股价运

行将在 1 处 K 线之后开始调整,而实际的走势是股价在 1 处 K 线之后就开始横盘,和我们判断的一致。

下降区间整理判断案例:

图 4.3.D 日海通讯区间整理判断

图 4.3.D 是 002313—日海通讯从 2015 年 6 月 2 日到 2016 年 2 月 24 日的日 K 线走势图,股价从图中左侧 2015 年 6 月 15 日的高点处开始下跌,符合下降整理形态公式中第一个条件。

图中 1 处的长阳线是 2015 年 7 月 9 日,振幅 15.72%,前一交易日(K 线 2 处)为 2015 年 7 月 8 日,振幅 2.3%,7 月 9 日股价振幅大于前一交易日两倍,符合下降整理形态公式中第二个条件。

且 7 月 8 日(2 处 K 线)的最低价小于其之前两个交易日 7 月 7 日、7 月 6 日(3、4 处 K 线)的最低价,符合下降整理形态公式中的最后一个条件。

根据区间整理模型可以判断,股价的运行将在 1 处 K 线之后开始调整,而图中可以看到,实际走势中股价在 7 月 9 日之后就开始宽幅震荡(如图中框线所示),验证了我们的判断。

小 结

投资大师依靠见微知著的投资理念"寻求别人还没有意识到的突变"书写了自己的股市传奇。作为一名投资者,敏锐的洞察力是必不可少的,它能使我们的操作富有远见,能使我们先知先觉,快人一步获取更丰厚的收益。

希望本章中讲到的区间整理模型能够帮助读者发掘到更多的获利机会。

一个明智的人总是抓住机遇，把它变成美好的未来。

——英国军事理论家 托·富勒

第五章　天枢模型之乾坤入袖

——反弹压力位与回调支撑位判测模型

袖里乾坤是千术的一种，早些年笔者曾见到千手们在袖中搭一条通道用来约束藏在袖子里的牌，以在恰当的时机使它们出现在合适的位置。

那时候笔者就想，投资者在股市中能不能也找到一个标准，用来判断股价是否将会发生变化，以便衡量股价变化的时机？

于是就有了"乾坤入袖"模型的诞生。

第一节 火中取"利"——关键在于衡量时机

股市中获利实际上是一个火中取"利"的过程，考验投资者对于时机的把握，买入或者卖出的时机稍有不对就会造成相当的损失。就好像把手伸进火中去取栗子一样，伸进去早了，栗子还没熟；伸进去晚了，栗子已经被抢光了；在火里停留的时间短，抓不到几颗栗子；停留的时间长，又难免被烫。

我们一直说"吃鱼吃中段"，但什么地方才是鱼的"中段"？抄底抄早了就变成套牢，抄晚了又赚不着，追高也是一样。对于时机的把握，有经验的投资者更相信自己的经验，而经验不足的投资者则可借助于模型和方法。也就是说，最关键的是要解决"用什么作为标准来衡量买入或者卖出的时机"这个问题。

这个标准就是——压力位与支撑位，当然，在乾坤入袖模型中的压力位与支撑位是有特殊的计算方法的。

趋势的运行有各种不同的方式，这些运行方式看起来差异巨大，但是世界是一个整体，很多时候看似不相关的事物背后有着鲜为人知的内在联系——在所有的运行方式里面都会存在一种共性，而趋势运行的这种共性会为我们提供股价运行的压力位与支撑位。

在这种理念的基础上，我们可以以一种全新的角度——而不是从时间的角度来阐释不同的市场周期（短期、中期和长期）——即通过价格波动幅度的百分比来衡量不同的市场周期。两者之间的区别主要集中在用价格波动的时间还是幅度来衡量不同的周期。

与传统的以股价在一个月内的波动作为短期；一至六个月的波动作为中期；而超过六个月的波动作为长期的周期分类方式相比，这种方式有着更加精确的"标准"，更加有利于我们来衡量火中取"利"的时机。

在这种新颖的划分周期理念基础上，我们可以由股价运行的前期高点和低点之间距离的百分比回撤水平来计算压力位与支撑位，并且进一步通过反复的运算得出特定的趋势密码用以计算压力位与支撑位。

但是这种方法的计算量不小，在本章中，笔者将会提供一组由黄金分割率得出的趋势密码，这套密码具有普适性（即这套趋势密码既适用于大盘也适用于大多数个股，结合特殊的计算公式完全可以作为一套模型），用来计算压力与支撑位。

第二节 乾坤入袖的形态公式

乾坤入袖的形态公式实际上就是趋势密码的应用方法，分为上涨情况下的压力位计算公式与下跌情况下的支撑位计算公式两种。

也许有些读者会认为乾坤入袖模型与第一本书中的台阶模型相似，但二者显然不是同一种模型，促使这两种方法诞生的理念不同，就决定了它们有着本质上的不同。

上涨情况下的压力位计算公式：

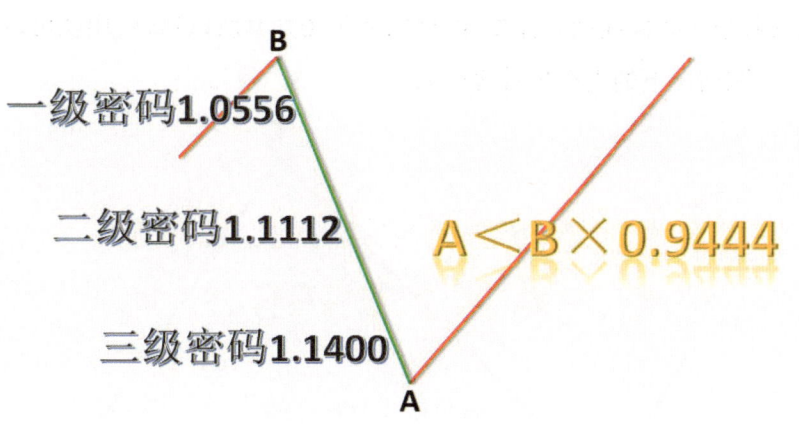

图 5.2.A 上涨趋势密码

图 5.2.A 是上涨趋势压力位测算图，股价由 B 点下跌至 A 点，并由

A 点开始上涨。需要注意的是，并不是每一组高低点都能够构成合适的压力位计算形态公式，这里有个前提条件，即 A 点 <B 点 ×0.9444，只有符合了这个条件才能够使用压力位计算公式。

上涨的压力位计算形态公式如下：

第一压力位 ＝ A × 一级密码 1.0556

第二压力位 ＝ A × 二级密码 1.1112

第三压力位 ＝ A × 三级密码 1.14

有些读者可能会好奇，形态公式中的各级密码都是怎么计算出来的？前文中笔者也提到，这组趋势密码是来自于黄金分割率。具体的原理和计算相当复杂，并且对大多数投资者来说并没有很大的意义。因为在股市中我们都是"实践派"而非"理论派"。上述的各级密码在实际使用的时候，投资者就算不知道他们的来历也无妨，并不会影响使用。就像开车一样，在考取驾照的时候，我们只需要会开车就可以了，没必要学会制造汽车。

同样的道理，即使我们不知道各级密码的来历也不会影响我们在股市中使用乾坤入袖模型。这也是笔者在本书中整理、总结了这么多方法的原因，很多时候我们只需要知其然，而不需知其所以然，会用就可以了。

下跌情况下的支撑位计算公式：

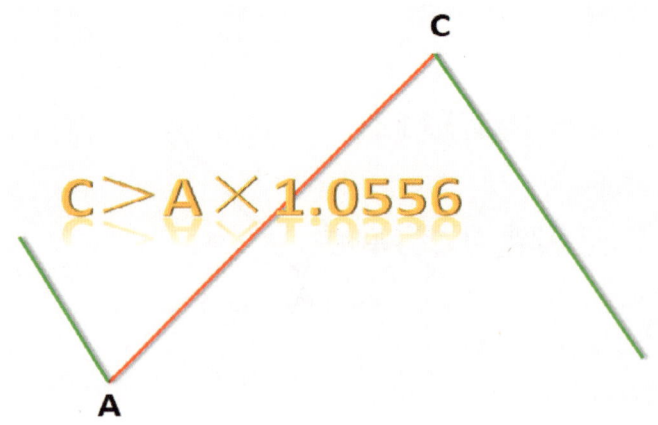

图 5.2.B 下跌趋势密码

图 5.2.B 是下跌趋势支撑位测算图，股价从 A 点上涨至 C 点出现调整，C 点就是高点参照点。此处同样要求符合 C 点 >A 点 ×1.0556 才能使用乾坤入袖模型。

需要注意的是，支撑位计算形态公式与压力位计算形态公式之间的差别不小，不能简单地与压力位计算形态公式对应记忆，下跌支撑位计算形态公式如下。

自 C 点下跌支撑位分别是：

第一支撑位 = C × 0.9444

第二支撑位 = 第一支撑位 × 0.9444

第三支撑位 = 第二支撑位 × 0.9722

需要注意的是，乾坤入袖模型只适用于上升过程中的反弹和下跌过程中的回调走势。同时需要明确的一点，这种方法只适合于一只股票的反弹在 15% 以内获利。正确的时机要用正确的方法，才是获利的不二法门。

第三节　乾坤入袖的实战案例

乾坤入袖模型在实际使用中的案例：

图 5.3.A 是 000006—深振业 A 从 2013 年 11 月到 2014 年 3 月的日 K 线走势图，图中我们可以看到，股价从 2013 年 11 月 26 日最高价 5.867 元下跌到 2014 年 1 月 10 日出现低价 3.962 元，之后股价开始出现反弹，最高价 5.867×0.9444 = 5.541> 最低价 3.962 元，符合条件，根据公式求出上涨压力位：

第一压力位 = 3.962 × 1.0556 = 4.182

第二压力位 = 3.962 × 1.1112 = 4.403

第三压力位 = 3.962 × 1.14 = 4.516

图 5.3.A 深振业 A 支撑/压力分析

2014 年 1 月 14 日股价反弹至 4.174 元（图中粉色线标识），接近第一压力位时受压回落，之后再次上涨，2014 年 1 月 22 日出现高点 4.415 元（图中蓝色线标识），超出第二压力位 0.012 元之后受压回落，两天之后，2014 年 1 月 24 日出现长上影线，高点昙花一现之后继续回落，见底之后股价开始了第三次上涨，2014 年 2 月 12 日出现高点 4.491 元（图中紫色线标识），接近第三压力位时开始回落。

从上面的案例中，可以看到这三个压力位对股价的压力作用，这种方法非常适合上升过程中的反弹和下跌过程中的回调行情。

图 5.3.B 是 002380—科远股份从 2014 年 3 月到 5 月的日 K 线走势图，2014 年 3 月 31 日出现最低价 19.124 元。这几个价格是促成股价下跌回调和上涨反弹密码的趋势因子，算出的支撑/压力位如上图所示。最低点的标准是小于前期的头部（2014 年 3 月 19 日最高价 21.803 元）乘以 0.9444，基本上股票的跌幅超过 5%，满足即可使用这种方法。

首先 B 点 $21.803 \times 0.9444 = 20.591 >$ A 点最低价 19.124，所以符合条件，用公式计算出上涨压力位：

第一压力位 $19.124 \times 1.0556 = 20.19$

第二压力位 19.124 × 1.1112 = 21.25

第三压力位 19.124 × 1.14 = 21.80

图 5.3.B 科远股份支撑 / 压力分析

股价见底反弹之后，2014 年 4 月 2 日，最高价 20.242 元超过第一压力位（图中蓝色线）0.05 元之后股价受压回落，2014 年 4 月 18 日，股价以一根大阳线冲破第二压力位（图中粉色线），2014 年 4 月 21 日最高价 21.896 元超过第三压力位（图中紫色线）0.09 元，受压回落。

之后我们再计算股价从 21.896 元下跌的过程中的支撑位，首先要确定股票的走势符合使用这种方法的要求，C 点 21.896>A 点 19.124 × 1.0556 = 20.187，符合条件，根据公式我们可以计算出股价下跌的过程中的三个支撑位：

第一支撑位 21.896 × 0.9444 = 20.679

第二支撑位 20.679 × 0.9444 = 19.529

第三支撑位 19.529 × 0.9722 = 18.986

2014 年 4 月 24 日最低价 20.639 元，低于第一支撑位（图中褐色线）0.04 元之后受到支撑开始上涨，在支撑线上徘徊一天后跌破支撑线，之后股价开始回升，见顶之后继续回落，2014 年 5 月 19 日最低价 19.440 元，低于第二支撑位（图中黄色线）0.09 元之后受到支撑开始大幅上涨。

在股票做底震荡或者上涨过程中的小幅调整的走势下，这种方法很适用。中线投资者想买进中期上涨的股票，用这种方法就能买到相对的低点，反弹的股票可以卖在相对的高点。

这种方法适用于不同的情况，当然任何方法都不能百分之百准确，使用这种方法有的时候能让你卖在头部买在底部，有的时候可能会有一些误差，但是无论如何，涨的时候卖，跌的时候买，这是最佳的状态。

小 结

这套模型的本质是为投资者提供一个衡量股价变化的支撑和压力位，我们以压力为天，以支撑为地，把握时机及时地买进卖出，这"乾坤"之间的利润，不都落入我们的袖中了么？

但需要注意的是，乾坤入袖模型只适合于上升过程中的反弹和下跌过程中的回调，对于其他的情况并不适用。在合适的时机下好的方法才会创造价值，时机不对，一切白费。对于这一点，希望各位读者慎之又慎。

就我个人而言，我不认为我有什么交易技巧，我的成功全部来自于系统本身。

——拉瑞·威廉姆斯

第六章　天枢模型之U点启动
——趋势启动点判测模型

趋势开始之时必然会有一个启动点，作为投资者，我们把握趋势的时候就需要找到这个启动点来介入，那么如何选择最佳的启动点呢？

本章中笔者将要讲到的模型U点启动，就是一个用来寻找最佳启动点的模型。

因为"U"与"优"同音，所以在这套U点启动模型中，笔者用字母U来标记最佳启动点的位置，又因为股价的走势总会形成一个以启动点为最高点或最低点的U字形。所以为这套模型命名为"U点启动"。

第一节 排除个人情绪的影响

"同交易技巧相比,你认为交易商成功得益于一个良好体系的比例是多大?"

当威廉指标(W&R)的创始人拉瑞·威廉姆斯被问到这个问题时,他是这样回答的:"就我个人而言,我不认为我有什么交易技巧,我的成功全部来自于系统本身。"不可否认其中有谦虚的成分,但从这句话中我们也可以看出这位当今美国著名的期货交易员对于自身交易系统的推崇。但笔者认为,相比于优秀的交易系统,能够严格遵守这个交易系统,排除个人情绪的影响才是威廉姆斯真正能够成功的秘诀。

实际上很少人能够做到这点,很多投资者相信自己更甚于相信他们的交易系统,并且当他们的交易系统运转良好,因而获利时他们就开始夸耀自身的技巧;反之,如果发生亏损,他们就会把一切的错误归咎于系统本身。

但拉瑞显然做到了,他能够始终如一地遵照他的交易系统而操作,这才是一个优秀的投资者应该具备的素质。

我想这就是拉瑞能够在不到12个月的时间里用一万美金百倍获利并取得罗宾斯杯期货交易冠军赛的总冠军的秘密。

简单来说,就像韩愈在《马说》中写的:"世有伯乐,然后有千里马。"一套好的交易系统也许是珍贵的,但其价值却需要一个真正优秀的使用者来实现,所以,往往都是伟大的交易者成就经典的交易系统。

两者相比,谁更重要一目了然。然而,在股市中想要做到不被自身情绪所左右是相当难的,这需要借助工具或者进行足够的训练。

本章中笔者将要讲到的U点启动模型,除了能够找出最佳启动点之外,这套模型的理念就是培养使用者能够排除个人情绪的影响,严格遵守规则,进行机械式操作从而获取利润的能力。

第二节 U点启动的形态公式

U点启动模型的形态公式分为低点启动和高点启动两种，我们首先来看低点启动的形态公式：

低点启动形态公式

如果某个交易日1日前的收盘价高于5日前的收盘价，而且当天的收盘价低于先前7个交易日的所有K线的最低价，但不低于先前11个交易日的所有K线的最低价时，短期底部可能形成。

通过上面的讲述，我们可以将低点启动的形态公式简化为两部分：

低点启动 $\begin{cases} \text{前11日内最低价} < U \text{的收盘价} < \text{前7日内的最低价} \\ 1\text{日前的收盘价} > 5\text{日前的收盘价} \end{cases}$

如何理解低点启动的简化公式？实战案例如下：

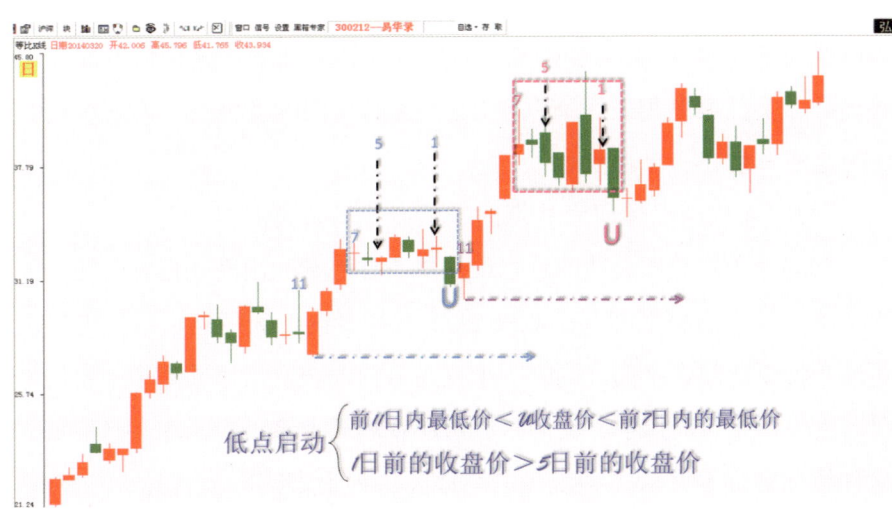

图 6.2.A 低点启动的简化公式

图 6.2.A 是 300212—易华录的日 K 线走势图，图中有两处标记为 U 的 K 线。通过观察，我们可以发现标记为 U 点的 K 线有两个特点：

第一个特点是标记为 U 点 K 线的最低价小于 7 日内的所有低点（图中蓝色和粉色框线下沿是 7 个交易日内除 U 点以外最低价的水平线），但是大于 11 日内的最低价（虚线箭头是 11 个交易日内的最低价水平线）。比如图中左侧的 U 点（蓝色标识），是一根阴线，我们可以看到，它的最低价比 7 日内的所有最低价都要低，但是它比 11 日内的最低点要高，这种情况的发生说明市场运行的底部在抬高。

第二个特点是标记为 U 点的 K 线前一根 K 线的收盘价大于标记为 U 点的 K 线之前第 5 根 K 线的收盘价，即图中标记为数字 1 的 K 线收盘价大于标记为数字 5 的 K 线收盘价。我们可以看到，不管是左侧 U 点（蓝色标识）还是右侧 U 点（粉色标识），标记为 U 点的 K 线前一根 K 线的收盘价大于标记为 U 点的 K 线之前第 5 根 K 线的收盘价。

我们不妨来分析一下这种形态的成因，标记为 U 点的这根 K 线当天下跌到比 7 个交易日内所有的最低价还要低的位置，但是没有跌破 11 个交易日内的低点，前文中笔者说过这种情况的发生说明底部在抬高；而标记为 U 的这根 K 线 1 个交易日前的收盘价高于 5 个交易日前的收盘价，这说明 U 点之前的一个交易日是上涨的。这种情况属于涨势良好，突然暴跌但是没有跌破 11 个交易日内的最低点，说明标记为 U 的这根 K 线是一个低点。

图 6.2.A 中两根标记为 U 点的 K 线都是这种情况。

其实这种走势所表达的意思很简单，在底部先出现一根大阴线，创出 7 个交易日内新低却又不跌破 11 个交易日内的最低点，这种走势说明两个低点之间在抬高。同时一个交易日前的收盘价还要高于 5 个交易日前的收盘价，说明前一交易日股价还在继续上涨，当天却突然下跌，这种情况往往意味着主力洗盘的结束。这种形态实际上就是一个 W 型双底形态。

反之，如果在头部出现一根大阳线，创出七个交易日内新高，但是小于 11 个交易日内的最高价，而前一个交易日的收盘价要比 5 个交易日前的收盘价低，这种情况即是一个 M 头形态。

当然，这只是我们的简单理解，但它并不是单纯意义上的 W 底和 M 头，它不限区域范围。

高点启动的形态公式

下面我们来看高点启动的形态公式，如果某个交易日 1 日前的收盘价低于 5 日前的收盘价，而且当天的收盘价高于之前 7 个交易日的所有 K 线的最高价，但不高于之前 11 个交易日的所有 K 线的最高价，这种情况下，短期头部可能形成。

同样将上述描述进行简化，高点启动的形态公式也分为两个部分：

$$高点启动 \begin{cases} 前 11 日内最高价 > U 的收盘价 > 前 7 日内的最低价 \\ 1 日前的收盘价 < 5 日前的收盘价 \end{cases}$$

我们可以结合案例来理解高点启动的简化公式，如图 6.2.B 所示：

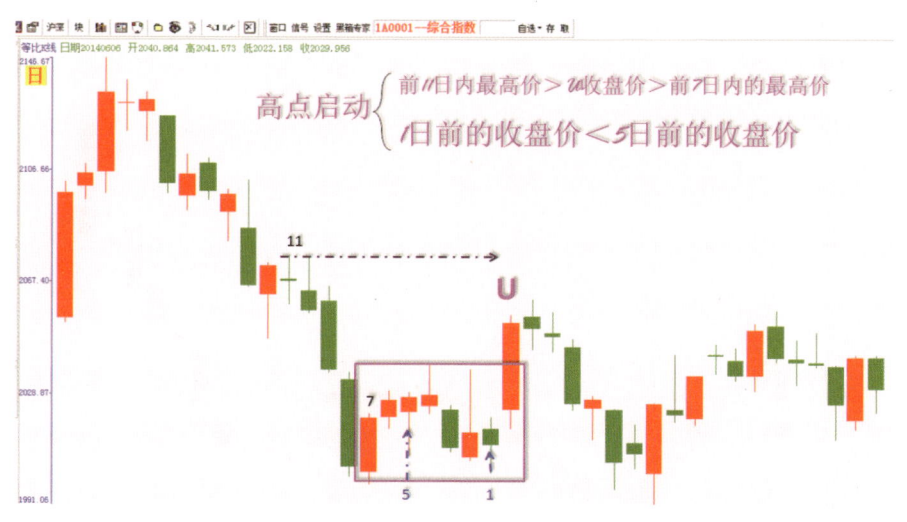

图 6.2.B 高点启动的简化公式

图 6.2.B 是 1A0001——上证指数的日 K 线走势图，图中 U 点标记的这根 K 线从下降趋势反弹了一天即见顶回调，这种头部的出现往往让人猝不及防，大多数投资者是无法逃掉这种头部的，很多投资者都认为这种头部无法用技术分析逃掉，但是用高点启动公式完全可以预判这种走势从而逃掉头部。

首先当标记为 U 点这根 K 线出现之后，我们要观察它的特点，头部 U 点的特点是：第一，创出 7 个交易日内新高，但是不高于 11 个交易日内的所有高点；第二，标记为 U 点这根 K 线之前一根 K 线的收盘价小于 U 点前第 5 根 K 线的收盘价。图中标记为 U 点这根 K 线符合高点启动的形态公式，因此可以判断头部出现。

大盘中有很多反弹头部都是这种情况，广泛应用高点启动的公式可以帮助投资者把握住更多的机会，同时回避更多风险。

第三节　U 点启动的实战案例

最佳启动点在实战操作中的案例如下：

图 6.3.A 科新机电分析图

图 6.3.A 是 300092—科新机电的日 K 线走势图，我们可以看到标记为 U 点 K 线的收盘价低于 U 点之前 7 个交易日内的最低价，并且高于 U 点之前 11 个交易日内的最低价（图中粉色箭头标识），同时，U 点前一根 K 线的收盘价高于 U 点前第 5 根 K 线的收盘价（图中黑色箭头标识），图中 U 点的阴线符合低点启动公式的所有条件，由此，我们可以提前判断低点的到来，从而抓住 U 点之后的一波上涨。

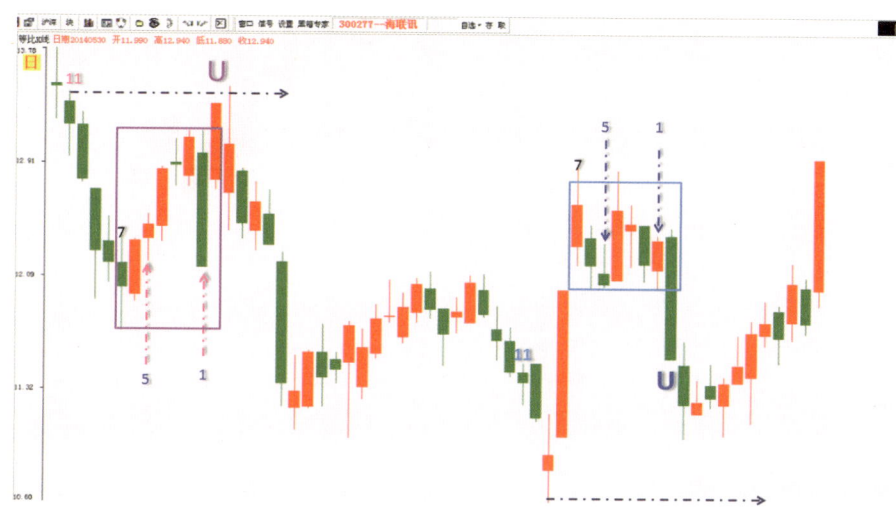

图 6.3.B 海联讯分析图

图 6.3.B 是 300277—海联讯的日 K 线走势图，我们可以看到，左侧粉色 U 点所标记的 K 线是一根阳线，U 点的收盘价高于 U 点之前 7 个交易日内的最高价（粉色框线内走势），同时低于 U 点之前 11 个交易日之内的最高价（粉色 11 的最高价），并且 U 点 1 个交易日前的收盘价低于 5 个交易日前的收盘价，符合高点启动的所有条件，所以可以判断股价将在附近出现高点。U 点之后股价果然开始下跌。

右侧蓝色 U 点所标记的 K 线是一根阴线，U 点的收盘价低于 U 点之前 7 个交易日内的最低价（蓝色框线内走势），同时高于 U 点之前 11 个交易日之内的最低价（图中右侧黑色虚线箭头），并且 U 点 1 个交易日前的收盘价高于 5 个交易日前的收盘价，符合低点启动的所有条件，所以可以判断股价将在附近出现低点。

图 6.3.C 雅百特分析图

　　图 6.3.C 是 002323—雅百特从 2015 年 11 月 30 日到 2016 年 1 月 25 日的日 K 线走势图。图中粉色 U 点所标记的阳线是 2015 年 12 月 29 日，收盘价 36.940 元。

　　粉色框线内的走势是 U 点及 U 点之前 7 个交易日，图中我们可以看到 U 点的收盘价高于 U 点之前 7 个交易日内的最高价（粉色框线上沿为 U 点的收盘价水平线），7 个交易日中最接近 U 点收盘价的是 U 点之前第 7 个交易日 2015 年 12 月 18 日，最高价 36.900 元，仅比 U 点收盘价低 0.04 元。

　　同时 U 点的收盘价低于 U 点之前 11 个交易日之内的最高价（图中黑色箭头虚线标识），最高价为 2015 年 12 月 17 日 37.110 元，刚好是 U 点之前第 8 个交易日。并且 U 点 1 个交易日前（2015 年 12 月 28 日，图中粉色箭头 1 标识）的收盘价 35.070 元低于 5 个交易日前（2015 年 12 月 22 日，图中粉色箭头 5 标识）的收盘价 35.610 元，符合高点启动的所有条件。

　　由 U 点启动模型可判断出股价将在 U 点附近出现高点，图中可以看到，实际走势中股价从 U 点之后 2 个交易日开始大幅下跌，跌幅达

34.85%。所以 U 点启动模型用于逃顶也是非常合适的。

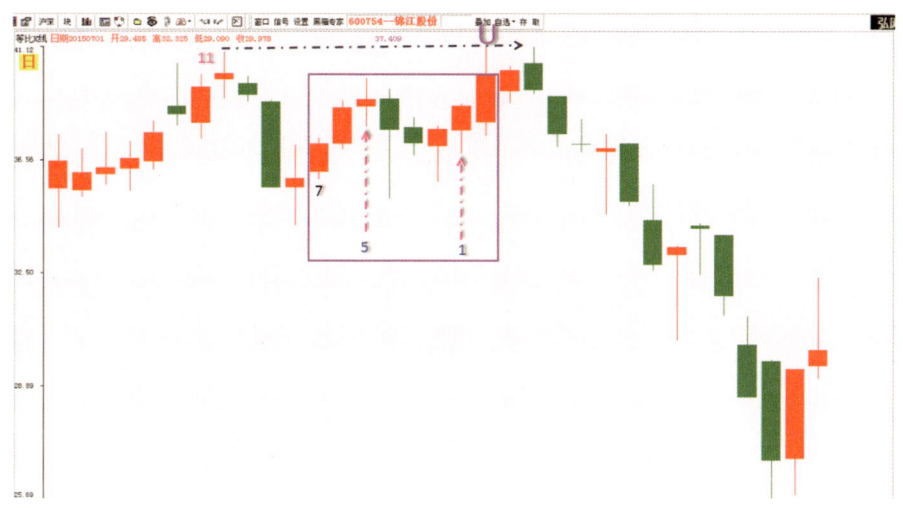

图 6.3.D 锦江股份分析图

图 6.3.D 是 600754—锦江股份从 2015 年 5 月 15 日到 2015 年 7 月 1 日的日 K 线走势图。图中粉色 U 点所标记的阳线是 2015 年 6 月 10 日，收盘价 39.948 元，这一交易日 K 线的上影线比较长，需要注意的是，很多投资者在找符合 U 点启动模型形态公式的走势时容易把最高价和收盘价混淆，比如这个案例，有些投资者可能就会因为这条长长的上影线而错过这段走势。

粉色框线内的走势是 U 点及 U 点之前 7 个交易日，图中我们可以看到，U 点的收盘价高于 U 点之前 7 个交易日内的最高价（粉色框线上沿为 U 点的收盘价水平线），7 个交易日中最接近 U 点收盘价的是 U 点之前第 5 个交易日 2015 年 6 月 3 日，最高价 39.790 元，与 U 点收盘价仅相差 0.158 元。

同时 U 点的收盘价低于 U 点之前 11 个交易日之内的最高价（图中黑色箭头虚线标识），最高价为 2015 年 5 月 26 日 40.884 元，刚好是 U 点之前第 11 个交易日。

并且 U 点之前第 1 个交易日（2015 年 6 月 9 日，图中粉色箭头 1 标识）

的收盘价 38.656 元低于 U 点之前第 5 个交易日（2015 年 6 月 3 日，图中粉色箭头 5 标识）的收盘价 38.942 元，符合高点启动的所有条件。

由 U 点启动模型可判断出股价将在 U 点附近出现高点，图中可以看到，实际走势中从 U 点之后两个交易日股价出现波段顶部，符合我们之前对走势的预测。

小 结

U 点启动模型的优势在于简单实用，在实际使用中仍有许多需要注意的地方。U 点启动模型并不是判断出最低点，这套模型实际上是一种左侧交易，出现符合公式的形态以后就可以判断股价很可能会在近期见底或者见顶。

具体来说，出现符合公式的形态之后，一般在 3 个交易日内股价就会见底，股市中没有百分百正确的方法，相应的，如果 3 个交易日内不见底就应该果断止损。

在实际使用中要注意严格执行，完全按照形态公式来进行判断，不能似是而非，也不能受主观情绪的影响，这样都会影响 U 点启动模型的效果。

实际上使用这套模型的时候就已经在培养投资者排除个人情绪干扰的能力，就像笔者在本章第一节中说的，除了能够找出最佳启动点之外，这套模型的理念就是培养使用者能够排除个人情绪的影响，严格遵守规则，进行机械式操作从而提高获取利润的能力。

倘若对过去的重大事件逐一寻根究底，过去的一切会使我们特别注意到将来。

——古罗马历史学家 波里比阿

第七章 天枢模型之最佳决策
——短期反转顶底判测模型

前面的章节中笔者分别为大家介绍了用于判测短期价格调整的模型区间整理，用于判测反弹压力位与回调支撑位的模型乾坤入袖，用于判测趋势启动点的模型 U 点启动；判测的内容从短期走势到撑压位再到趋势启动点，逐渐缩小，也逐渐精确。在本章中笔者将为大家带来一种用于判测买卖点的模型——最佳决策。

第一节 有依据的决策才能果断

在股市中,投资者经常要做的决策就是买和卖,买卖点的选择一直是广大投资者们最感兴趣的话题之一,何处是买点?何处是卖点?这个问题很好回答,简而言之,牛市中处处都是买点,熊市中处处都是卖点,即股价上涨时随时都是买点,股价下跌时随时都是卖点。然而好的买卖点可以让人获得暴利,而不好的买卖点只能让人获得蝇头小利甚至会造成亏损。那么什么样的买卖点才是最佳的买卖点呢?最佳决策模型为您解忧。首先,我们从理念开始讲起。

本卷的题目就是决策之道,断如雷霆,决策就要果断。在股市中,犹豫往往会让我们错失良机,但是大多数投资者都会犹豫,为什么?很大程度上是因为没有确切的决策依据。

有人说,在股市中如果能够提前预知一天后的事情,就能够富可敌国。如果能够预知未来,就有了明确的决策依据,那么自然就不会犹豫,但我们都知道,持续、稳定而又精确的预测几乎是不可能的。但是如果能够拥有一个确切的决策依据,就很少会犹豫,也能够更加容易的获取收益(前提是这个决策依据确实有效)。

所以决策如雷霆的秘诀就是拥有确切的决策依据。

那么这个依据是什么呢?说来简单,决策的依据无非是来源于现在、过去和未来,而未来是难以预知并且不确定的,想要确切的决策依据,就只能够从现在和过去入手。

如何从过去和现在获取决策的依据呢?

过去的走势如何影响现在的走势,现在的走势就会如何影响未来的走势,这也就是道氏理论中一直强调的——历史会不断重演。

最佳决策模型秉承的就是这种理念,通过在一周的时间内将过去与现在相比较来判断股市中最佳的买卖点并进行决策，是一种典型的由预测而决策的模型。

第二节　最佳决策的形态公式

我们首先来看一下最佳决策的形态公式，最佳决策模型的形态公式分为潜在峰顶和潜在谷底两种，分别用来决策卖点和买点。首先是最佳决策模型的核心公式。

核心公式：

潜在谷底（最佳买点）：当日收盘价高于其4个交易日前的收盘价；
潜在峰顶（最佳卖点）：当日收盘价低于其4个交易日前的收盘价。

如果当日收盘价高于其4个交易日前的收盘价，则可能向上反转；如果当日收盘价低于其4个交易日前的收盘价，则可能向下反转。

但是稍有常识的投资者都知道，在股市中当日收盘价与4个交易日之前的收盘价之间的关系只有3种情况，即当日收盘价大于4个交易日前的收盘价；当日收盘价小于4个交易日前的收盘价；第三种情况是当日收盘价和4个交易日前收盘价相等。相等的情况非常少见，一般都是前两种情况，几乎每个交易日的收盘价都大于或小于4个交易日前的收盘价，但不可能每个交易日都是反转点，若只依靠上述条件判断买卖点，则判断的出错率可能会偏高，那么我们就需要其他的条件来完善这个公式。

实际上，核心公式中的条件只是最佳决策模型完整形态公式的一部分，其形态公式中最核心的精华就是下面两条附加条件，这两个条件保证了最佳决策模型的准确性。

附加条件：

1. 波段的最高点是最高收盘价，波段的最低点是最低收盘价；

2. 高点后出现下行收盘价或者低点后出现上行收盘价。

结合顶部和底部的反转图示，我们可以得出最佳决策模型的完整形态公式。如图 7.2.A 所示：

> 这两个附加条件的含义是：如果在顶部（底部）出现反转，则下一个交易日的收盘价比前一个交易日要低（高）。

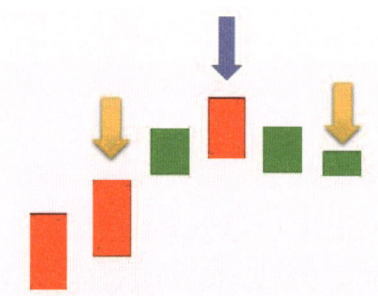

图 7.2.A 顶部反转

图 7.2.A 是顶部反转的形态示意图，顶部的反转条件可以用一句话来简单解释为：当日收盘价小于其 4 个交易日前收盘价，也就是核心公式中的内容。但是同时股价的走势也要符合两个附加条件：即波段的最高点是最高收盘价，如图中蓝色箭头所示 K 线为波段最高点，可以看到这根阳线的收盘价是整个波段中的最高收盘价。

出现这种走势之后，如果出现高位反转，下个交易日收盘价往下跌，也就是高点后出现下行收盘价则可判断这段走势符合潜在峰顶的形态公式；两个补充条件使这种最佳决策模型的判断更加准确，更加可靠。

综上所述，我们可以得出潜在峰顶的形态公式：

1. 当日收盘价低于其4个交易日前的收盘价；
2. 波段的最高点是最高收盘价；
3. 高点后出现下行收盘价。

图 7.2.B 底部反转

如图 7.2.B 所示，同样的，底部反转可以用一句话简单解释为当日收盘价大于其4个交易日前的收盘价。同时要符合波段最低点是最低收盘价以及如果出现低位反转，下一交易日收盘价上涨的两个附加条件。

图中波段最低点是蓝色箭头标记的阴线，可以看到这一根K线的最低价是最低收盘价。这样我们同样得到了潜在谷底的形态公式：

1. 当日收盘价高于其4个交易日前的收盘价；
2. 波段最低价是最低收盘价；
3. 低点后出现上行收盘价。

第三节 最佳决策的实战案例

最佳决策模型在实战应用上又有哪些要点呢？下图所示为马来西亚股票的马股综合走势图。

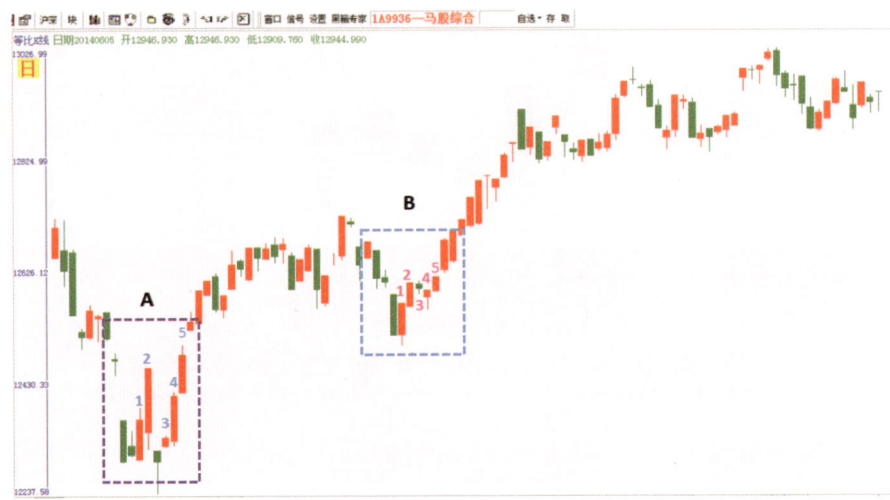

图 7.3.A 马股综合底部反转的判断图

图中我们可以看到，紫色框线 A 处指数出现底部，框线中有 5 根阳线，标记为蓝色的 1、2、3、4、5，根据前文中提到的潜在谷底和潜在峰顶的形态公式，想要判断出最佳买点，首先我们可以通过当日收盘点位大于 4 个交易日前的收盘点位来判断出紫色框线 A 所标识的走势是一个底部反转，符合上述条件的 K 线即是最佳买点，即标记为数字 3 的这根阳线。

而 1、2 两根大涨的阳线虽然看上去很诱人，但却不是最佳买点，因为它们的收盘点位都低于 4 个交易日前的收盘点位。只有第 3 根阳线的收盘点位高于 4 个交易日前的收盘点位，因此我们可以判断出标记为数字 3 的 K 线才是符合条件的最佳买点。

此处再结合第三章讲到的关于大底小底的判断规则：阳线 2 与阳线 3 之间的阴线是最低点，同时又是最低收盘点位。所以可以判断此处底部为大底，出现大底后下一个交易日指数收阳，潜在谷底形态公式中所有的条件全部符合，可以判断标记为 3 的阳线之后走势将会出现一波上涨，可以看到指数的运行验证了我们的预测。

我们再看图 7.3.A 中的蓝色框线 B 处，如何判断指数走势反转后的最佳买点，我们通过前文中潜在谷底的形态公式去判断，符合最佳买点条件的是标记为 4 的这根 K 线，因为它的收盘点位比 4 个交易日前的收盘点位高。

国内股票最佳决策模型实战案例如下：

图 7.3.B 中元华电顶部反转判断图

图 7.3.B 是 300018—中元华电从 2016 年 1 月 21 日到 3 月 24 日的日 K 线走势图。图中紫色框线标识的是一个顶部反转走势，波段高点出现在 2016 年 2 月 17 日，标记为蓝色数字 1，收盘价为 30.940 元为最高收盘价，且高点之后出现下行收盘价。符合最佳决策形态公式的顶部反转形态公式中的两个条件，后面的走势只要符合最后一个条件，即当日收盘价小于 4 个交易日前的收盘价，就可以判断当日即是最佳卖点。

可以看到因为高点之前连续 3 根大阳线的涨势十分猛烈，所以收盘价之间的距离相当大，我们从 2016 年 2 月 17 日最高点这一天开始追踪，下一个交易日是 2 月 18 日，标记为数字 2，收盘价 29.92 元，明显高于 4 个交易日前中阴线（2016 年 2 月 5 日）的收盘价 25.23 元，所以这一天不是最佳卖点；

2 月 19 日是一根阴十字星，标记为数字 3，同样收盘价 29.94 元明显高于 4 个交易日之前大阳线（2016 年 2 月 15 日）的收盘价 26.12 元，所以不是最佳卖点；

下一个交易日 2 月 22 日是一根小阴线，标记为数字 4，收盘价 29.99 元高于 4 个交易日前（2016 年 2 月 16 日）的收盘价 28.13 元，不是最佳卖点；

标记为数字 5 的这根阴线是 2016 年 2 月 23 日，收盘价 29.13 元（图中黑色虚线标识），小于 4 个交易日前收盘价 30.94 元，所以这一天是最佳卖点。

图中我们可以看到，最佳卖点之后，股价立刻开始加速大幅下跌，如果投资者在这个位置卖出，就可以避过之后的一大波下跌。

底部反转判断案例：

图 7.3.C 巨轮智能底部反转判断图

图 7.3.C 是 002031—巨轮智能从 2015 年 8 月 25 日到 2015 年 10 月 26 日的日 K 线走势图。这是在国内股票走势上出现符合底部反转形态公式的案例，前文中笔者提到最佳买点也就是潜在谷底的形态公式有三部分：

1. 当日收盘价高于其 4 个交易日前的收盘价；

2. 波段最低价是最低收盘价；

3. 低点后出现上行收盘价。

我们可以看到图中蓝色框线标识的是一个底部反转的走势，股价在 2015 年 9 月 15 日出现波段低点 8.10 元，且低点为最低收盘价，符合条件中的第二点，标记为数字 1。低点出现之后股价上升出现上行收盘价，符合条件中的第三点。

那么只要找出符合收盘价高于 4 个交易日前的收盘价这一条件的 K 线即是最佳买点，我们从 2015 年 9 月 15 日最低点这一天开始追踪，下一个交易日是 9 月 16 日，标记为数字 2，收盘价 8.89 元，明显低于 4 个交易日前，即 2015 年 9 月 10 日的收盘价 9.57 元，可以判断这一天不是最佳买点；

下一个交易日是 2015 年 9 月 17 日，这一天的走势形成一根小阴线，收盘价 8.68 元，同样明显低于 4 个交易日之前大阳线（2015 年 9 月 11 日）的收盘价 10.00 元，所以不是最佳买点；

9 月 18 日是一根小阴线，标记为数字 4，收盘价 8.76 元，4 个交易日前（2015 年 9 月 14 日）的走势是低点之前的一根大阴线，收盘价为 9.00 元，大于 8.76 元，仍然不是最佳买点；

标记为数字 5 的这根阳线是 2015 年 9 月 21 日，收盘价 9.16 元（图中黑色虚线标识），高于 4 个交易日前，也就是最低点处 K 线的收盘价 8.10 元，则可以判断这一天是最佳买点。

在实际走势中，可以看到，最佳买点处刚好是低点起涨之后的第一波小幅调整完毕，此后股价开始了涨幅接近 100% 的大幅上涨走势，投资者如果能运用好最佳决策模型，提前判断出最佳买点，何愁不能获得丰厚回报？

底部反转案例如下：

图 7.3.D 分众传媒底部反转判断图

图 7.3.D 是 002027—分众传媒从 2015 年 3 月 3 日到 2015 年 9 月 24 日的日 K 线走势图，图中我们可以看到股价的走势从缓慢上涨到横盘，横盘结束后开始加速上涨，出现连续一字板拉升的走势，那么我们可以通过这一波上涨之前的走势预测出本次上涨吗？

在上一个案例中笔者列举了最佳决策模型潜在谷底的形态公式，图中紫色框线标识的是一个波段低点启涨的走势，股价在 2015 年 4 月 20 日出现波段低点（图中数字 3 标识）11.34 元，且当日收盘价为最低收盘价，符合条件中的第二点。低点出现之后股价上升出现上行收盘价，符合条件中的第三点，后面的走势只要符合最后一个条件，即当日收盘价大于 4 个交易日前的收盘价，就可以判断当日即是最佳买点。

同样从最低点 2015 年 4 月 20 日的 K 线开始追踪，下一个交易日是 2015 年 4 月 21 日，标记为数字 4，收盘价 11.95 元，这一天之前 4 个交易日是 2015 年 4 月 15 日，收盘价 12.54 元，大于 11.95 元，则可以判断这一天不是最佳买点；

下一个交易日是 2015 年 4 月 22 日，这一天的走势形成一根小阳线，标记为数字 5，收盘价为 12.48 元（图中黑色虚线标识），4 个交易日之前 2015 年 4 月 16 日是一根阳十字星走势，收盘价 12.23 元，小于 12.48 元，则可以判断这一天是最佳买点。

如果我们在这个点位买入的话，股价经过一小波调整之后立刻开始连续上涨的走势，仅是连续的一字板走势就已经涨幅超过 100%，绝对称得上是暴利。

股市是一个赚钱快输钱也快的地方，无数投资大师的经验都告诉我们，丰厚的获利来自于对风险的回避，每一位投资大师都有完善的风险回避机制，而最佳决策模型对于风险的回避也有其独到之处，如下面的案例：

图 7.3.E 量子高科顶部反转判断图

图 7.3.E 是 300149—量子高科从 2015 年 5 月 11 日到 2016 年 1 月 29 日的日 K 线走势图，在下跌时股价往往会出现下跌——回调——下跌的走势，实际上这也是让很多投资者，尤其是喜欢做波段短差的投资者头疼的走势，我们很难判断回调的顶点，而难以察觉的风险就是最大

的风险。这种时候，拥有一套足够可靠的模型将为投资者增加一道保险。

我们首先来看图中蓝色框线标识的最高点处转折走势，最高点出现在标记为粉色数字 3 的 K 线处，这一天是 2015 年 6 月 11 日最高价 28.55 元，同时这一天是最高收盘价，且高点之后下个交易日出现了下行收盘价。根据最佳决策形态公式的顶部反转形态公式，后面的走势只要符合当日收盘价小于 4 个交易日前的收盘价这一条件就可以判断当日即是最佳卖点。

> 嘿，看这里！
>
> 股市中最大的风险，就是你对即将到来的风险一无所觉。

我们从 2015 年 6 月 11 日股价出现最高点这一天开始追踪，下一个交易日是 2015 年 6 月 12 日，用粉色数字 4 标记，收盘价 26.81 元，出现下行收盘价，并且这一天的收盘价高于 4 个交易日前，即 2015 年 6 月 8 日长阳线走势的收盘价 26.13 元，所以这一天不是最佳卖点；

2015 年 6 月 15 日股价开始大幅下跌，走势呈现一根长阴线，最终收盘价为 25.03 元（图中黑色虚线标识），标记为粉色数字 5，而 4 个交易日之前是 2015 年 6 月 9 日，这一天的收盘价 26.31 元，高于 25.03 元，所以这一天是最佳卖点。

图中我们可以看到，最佳卖点卖出之后可以规避一大波下跌走势。

股价经过持续 25 个交易日，跌幅超过 50% 的下跌走势之后，于 2016 年 1 月 12 日出现反弹走势，这一波反弹在 7 个交易日间涨幅达 35.15%，但最高点下一个交易日即出现长阴线，几乎跌停，之后更是出现连续大幅下跌，其中风险不言而喻。那么此处的走势何时才是最佳卖点呢？

图中笔者用紫色框线标识此次反弹的最高点处转折走势，最高点出现在标记为蓝色数字 4 的 K 线处，这一天是 2016 年 1 月 20 日最高价 16.75 元，同时这一天也是波段中最高收盘价，且高点之后下个交易日是一根长阴线，出现了下行收盘价。根据最佳决策形态公式的顶部反转形态公式，后面的走势只要符合当日收盘价小于 4 个交易日前的收盘价这一条件就可以判断当日即是最佳卖点。

我们同样从 2016 年 1 月 20 日股价出现最高点这一天开始追踪，下一个交易日是 2016 年 1 月 21 日，用蓝色数字 5 标记，收盘价 14.29 元（图中黑色虚线标识），并且这一天的收盘价低于 4 个交易日前的收盘价，即 2016 年 1 月 15 日长阳线走势的收盘价 14.96 元，符合形态公式中最后一个条件，所以这一天是最佳卖点；

而在实际走势中，最佳卖点这一天也正是股价刚开始下跌之时。

笔者认为，一个模型如果在大多数情况下都能够准确，那么这就是一个好用的模型，但是却不能称之为可靠的模型，只有在极端走势下仍能发挥作用才是可靠的模型，最佳决策模型无疑是一个能够适应极端走势的可靠模型。

暴涨暴跌极端走势下的最佳决策模型顶部反转案例：

图 7.3.F 永新股份顶部反转判断

图 7.3.F 是 002014—永新股份从 2015 年 5 月 29 日到 2015 年 12 月 2 日的日 K 线走势图，可以看到，图中股价的走势波动十分剧烈，尤其是趋势转折处，转折的角度都很小，这种走势让很多投资者都十分头疼，

也让很多方法和技巧失去了效果。

在这种极端走势下，最佳决策模型还能否帮助我们发现利润，规避风险？

图中蓝色框线标识的是一个顶部反转走势，波段的最高点出现在2015年6月25日，同时这一天的收盘价也是波段中最高的，并且最高点之后出现下行收盘价，这样就符合了顶部反转形态公式中的两条，只要找到当日收盘价低于4个交易日前的收盘价，就可以判断最佳卖点了。

图中我们可以看到，股价在此处转折得十分干脆，涨跌的角度也十分陡峭，我们从2015年6月25日最高点这一天开始追踪，下一个交易日是6月26日，标记为数字3，收盘价26.51元，明显高于4个交易日前中阴线（2015年6月19日）的收盘价22.13元，可以判断这一天不是最佳卖点；

6月29日的走势形成了一根中阴线，标记为数字4，收盘价为23.86元（图中黑色虚线标识），略低于4个交易日之前，即2015年6月23日的收盘价24.34元，所以这一天是最佳卖点；

可以看到这个位置刚好是股价刚开始大幅下跌的位置，此时正是卖出的良机。在如此极端的走势下仍能起到良好的效果，最佳决策模型绝对称得上"可靠"二字。

掌握了最佳决策模型的形态公式之后，我们以后再分析买卖点时，就可以按照科学的方法进行预测，而不是依靠"屈指一算"或者"灵机一动"的判断方式。在实际操作中，跟着感觉走可能会让你偶尔获利，但这并不是长久之道，想要实现持续稳定的获利，一套科学而行之有效的方法和策略是必不可少的。

小 结

股市中的操作无非就是买和卖,那么何时买,何时卖就成了投资者们迫切关心的问题。

但是买卖点的选择也一直是大多数投资者一直以来都要面对的难题,股市中总是先知先觉者赚后知后觉者的钱,何谓先知先觉者?先知先觉的往大了说是趋势和机会,往小了说不就是比大多数散户先一步发现买入点和卖出点吗?而这也正是最佳决策模型的作用和意义所在。

希望最佳决策模型能够对各位读者的投资之路有所帮助。

第二卷 决策之道 断如雷霆

第三卷　预测之道　察如明镜

——决策离不开预测

因为股市不断发展，所以决策之道要新颖有效；因为股市难以把握，所以预测之道要历经考验。

股市中决策离不开预测，脱离预测的决策毫无根据，说得大些叫"赌博"，说得小些叫"撞大运"，靠着撞大运偶尔获利不难，但想要持续获利，无异于痴人说梦。

预测最重要的是准确，精准的预测可帮助投资者远见于未萌，避危于无形。而错误的预测不是害人就是害己。

股市中预测的方法如过江之鲫数不胜数，但这些方法的准确性一直都是让投资者头疼的问题，即使是那些很准确的方法，一旦开始广泛流传，准确性就会大受影响，就算是雪藏的绝技也会随着时间的推移而逐渐钝化，当一个方法不再准确，我们就说这个方法过时了。

方法会过时，但理念不会。

股市时刻都在变化发展，但股市的本质从未改变。所以预测的理念要接近本质，笔者认为，只有那些经历过时间的考验之后依然历久弥香的理论，才能称得上是接近本质。

预测的理念当如镜之明，看得见本质才会准确，才能经久不衰。

在本卷中，笔者会介绍四种由经典理论衍生出的预测模型，第一个模型预测股价的回调，第二个模型预测股价次日的涨跌，第三个模型通过时间与价格的关系预测次日股价的点位，第四个模型从数学与几何学的角度预测转折点位。

本卷中笔者讲到的模型也许有一天也会过时，但这些经久不衰的预测理念却可以长久地流传下去，不断衍生出新的方法。

> 凡事总有盛极而衰的时候，大好之后便是大坏。重要的是认清趋势转变不可避免。要点在于找出转折点。
>
> ——乔治·索罗斯

第八章　天枢模型之折行推进
——回调低点和反弹高点的预测模型

正如乔治·索罗斯所说，凡事总有盛极而衰的时候，市场的运行总是从一个转折到另一个转折。对于投资者来说，我们并不需要预测出股市中每一个时间、每一个点位，只需要知道关键的转折点就足以在股市中获取丰厚利润，而股市中的预测方法也都是本着这样的理念，然而大多数预测方法的关注点都是一些大的转折点，而对一些相对较小的但又十分重要的转折点却无能为力。

比如在上涨行情中回调的低点——这是许多投资者理想的买入点，或者下跌行情中反弹的高点，预测这些点位的方法是比较少见的，在本章中，笔者将为大家介绍一个用来预测回调低点和反弹高点的模型——折行推进模型。

第一节 影响股价的力量

道氏理论认为,在所有公开交易的股市之中都存在着三种运动——即作用、反作用与相互作用。或者我们可以理解为,在股市之中价格的运行存在着三种受力状态,即受到上行推动力的影响、受到下行推动力的影响和受到两种力量相互作用的影响。

实战操作时,如何在股价上涨过程中的调整低点买进和股价下跌过程中的反弹头部卖出是投资者最关心的问题之一。而根据股价受到的推动力来划分,上涨过程中的回调是因为受到下行推动力的影响,而下跌过程中的头部是因为受到上行推动力的影响。

本章中笔者将要介绍的折行推进模型就是一种根据推动力来预测股价的回调低点和反弹高点的模型。

"折行推进"这个名字对于很多读者来说可能不是很好理解,简而言之,"折行"就是指多数情况下股价会沿着类似于折线形的轨迹运行,而"推进"则是指股价在运行过程中受到的两种推进力。

学过艾略特波浪理论的人都知道,波浪理论的八浪浪型图实际上是用折线的形式表现出来的,如图 8.1.A 所示:

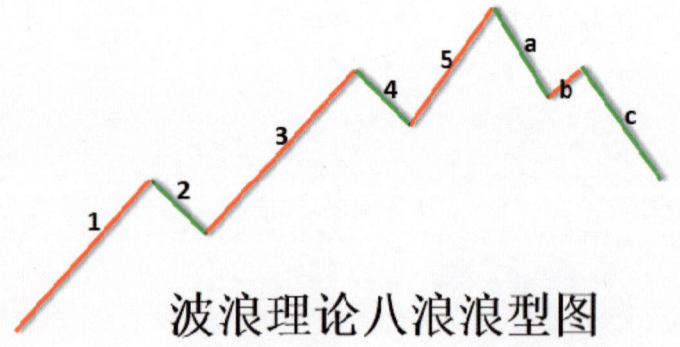

图 8.1.A 波浪理论八浪浪型图

实际上，推动股价运行的推动力分为上涨推进力和下跌推进力两种，这两种推进力相结合，最终在股市中的表现就是这种折行图。

也就是说，这种折行图实质上是股市中推动力的表现，换句话说，在股市中股价的运行是受到折行推进的力量影响的。以此为依据可以建立一种通过股市中的推动力来预测股价走势的模型，也就是折行推进模型，这个模型能够用来预测上涨中的回调低点和下跌中的反弹高点。

> 嘿，看这里！
> 艾略特的波浪理论与查尔斯的道氏理论可谓同出一源，道氏理论主要是从定性的角度对股市的发展趋势进行了诠释，而波浪理论则是在定量分析的角度上对股市的发展提出了独到的见解。

第二节 折行推进的形态公式

下面我们来看一下折行推进模型的形态公式，因为推动股价运行的推动力分为上涨推进力和下跌推进力两种，所以折行推进的形态公式也分为上行推进形态公式和下行推进形态公式。需要注意的是，上行推进形态公式中不仅有上行推动力还有下行推动力，下行推进形态公式也是如此。

上行推进形态公式

如图 8.2.A 所示，股价的走势从 X 点上涨到 Y 点，则 X 点是上行起始点，简称为上行点，上涨完毕后快速下跌至 Z 点。需要注意的是，形态公式中要求 Y 点到 Z 点的距离大于上涨幅度的 23.6%，即回调幅度在 23% 以上才符合上行推进的形态公式。Z 点出现之后，股价开始上涨，最终到达 A 点，则点 A 是上涨分界。如果股价突破 A 点，则可判断趋势开始上涨；如果股价没有突破 A 点，则可判断此处属于反弹。

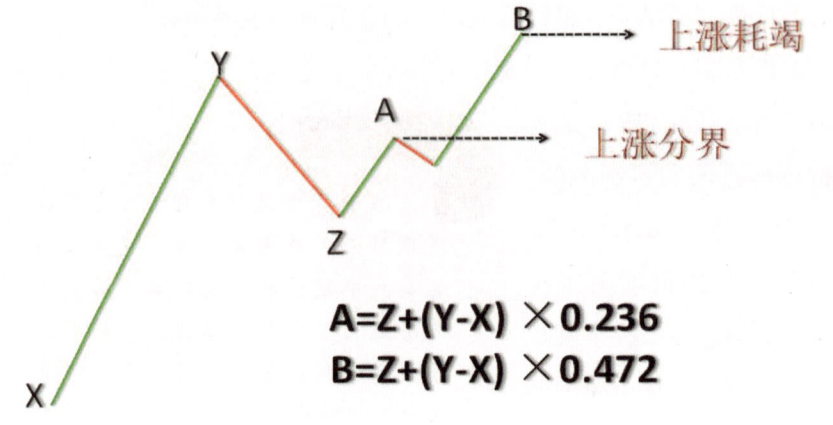

图 8.2.A 上行推进形态公式

股价继续上涨到点 B，B 点是上涨耗竭；如果股价涨不到 B 点，则股价从 Z 点开始的上涨就应该结束了。这里需要注意的一点是，上涨耗竭不等于马上转折。

在实际运用中，我们需要计算出上行点 X 的价格低点（即 X 点这根 K 线的最低价）与截至此时点 Y 的价格高点（即 Y 点这根 K 线的最高价）之间的价格差。如果接下来股价运行到 Z 点时 Y 到 Z 之间的跌幅达到点 X 和 Y 之间的涨幅的 23.6% 或者更多，即 Y 和 Z 之间的价格差大于等于 X 和 Y 之间价格差的 23.6%，那么我们可以确定形态公式成立，则我们可以得出以下三点：

1. 点 X 和 Z 被正确地识别出来；

2. 点 Z 至点 A 的起始上涨为点 X 至点 Y 距离的 23.6%，并将该值加至点 Z 的低点；

3. 点 B 的上行价格目标位是上述百分比的两倍，即 $2 \times 23.6\% = 47.2\%$。

由后两点我们可以得出 A 点和 B 点的具体计算公式如下：

$$A = Z + (Y-X) \times 23.6\%$$

$$B = Z + (Y-X) \times 47.2\%$$

若股价突破上涨分界点 A，则可判断此时股价的走势为上涨而非回调，持股安全性较高；若股价未突破上涨分界点 A 即开始回落，则可判断股价为回调而非上涨，应果断止损；若股价未突破上涨耗竭点 B 即开始回落，则可判断股价上涨即将结束。

下行推进形态公式

下行推进形态公式与上行推进形态公式正好相反。如图 8.2.B 所示，股价的走势从 X 点下跌到 Y 点，则 X 点是下行起始点，简称为下行点，下跌完毕后快速反弹至点 Z。下行推进形态公式同样要求 Y 点到 Z 点的反弹幅度在 23% 以上。

股价 Z 点出现转折，开始下跌，最终到达 A 点，则点 A 是下跌分界，如果股价跌破 A 点，可判断股价处于下跌趋势；如果股价没有跌破 A 点，则可判断此处属于回调。

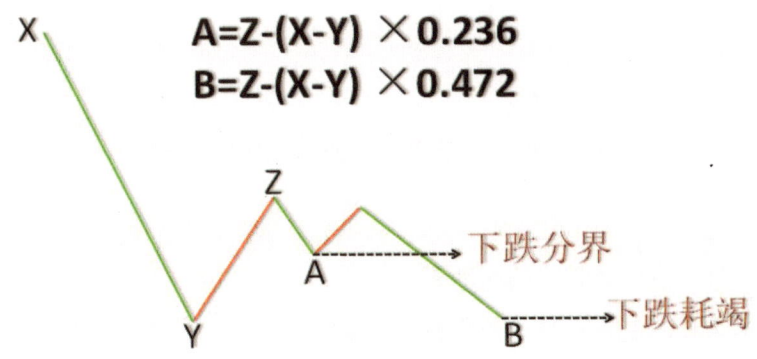

图 8.2.B 下行推进形态公式

同样 B 点是下跌耗竭，如果股价跌不到 B 点就开始上涨，则股价（走势）从 Z 点开始的这波下跌走势就应该结束了。

我们首先要计算出下行点 X 的价格高点与截至此时点 Y 的价格低点之间的价格差。如果点 Y 和 Z 处的 K 线的收盘价之间的上涨幅度大于点 X 和 Y 之间的下跌幅度的 23.6%，则可得出以下三点：

1. 点 X 和 Z 被正确地识别出来；

2. 点 Z 至点 A 的起始下跌为点 X 至点 Y 下滑距离的 23.6%，并将该值从点 Z 高点中减去；

3. 点 B 的下行价格目标是上述百分比的两倍，即 $2 \times 23.6\% = 47.2\%$。

同样根据后两点我们可以得出 A 点和 B 点的具体计算公式如下：

$$A = Z - (X - Y) \times 23.6\%$$
$$B = Z - (X - Y) \times 47.2\%$$

若股价跌破下跌分界点 A，则可判断此时股价的走势为下跌而非反弹；若股价未跌破下跌分界点 A 即开始上涨，则可判断此时股价并非下跌走势。若股价未跌破下跌耗竭点 B 即开始反弹，则可判断股价的下跌趋势即将结束。

其实折行推进的形态公式很简单，但是用文字去表述理解起来比较复杂，各位读者不妨结合案例来理解和学习。

第三节 折行推进的实战案例

上行推进形态公式的实战案例：

图 8.3.A 是 600704—物产中大从 2013 年 7 月到 12 月的日 K 线走势图。2013 年 7 月 22 日股价出现最低点 X 为 5.124 元，随后股价开始上涨，2013 年 10 月 22 日出现最高点 Y 为 11.075 元，之后股价开始调整，2013 年 10 月 29 日出现 Z 为 8.734 元，Y 到 Z 的下跌幅度是 X 到 Y 的上涨幅度的 39.34%，大于 23.6%，符合条件，根据公式可以计算出上涨分界 A 值和上涨耗竭 B 值：

$$A = 8.734 + (11.075 - 5.124) \times 23.6\% = 10.1384$$
$$B = 8.734 + (11.075 - 5.124) \times 47.2\% = 11.5429$$

图 8.3.A 物产中大股价上行推动分析

图中我们可以看到 2013 年 11 月 12 日一根大阳线突破上涨分界线 10.1384，最高价 10.259 元，股价在此位置附近徘徊 3 个交易日后，2013 年 11 月 15 日以一根长阳线强势上涨，远离上涨分界点 A，则可判断此时股价的走势为上涨而非回调。股价一路上涨直到 2013 年 11 月 22 日最高点 10.449 元开始回落，没有突破上涨耗竭点 11.5429，由此判断上涨即将结束，在实际的走势中，股价很快就开始了下跌。

所以这种方法，非常适合于股价大幅度上涨之后跌下来再涨的情况，在图 8.3.A 所示的股票中，配合正确的操作至少可以获利 47%。

下行推进形态公式的实战案例：

图 8.3.B 是 600557—康缘药业从 2014 年 1 月到 6 月的日 K 线走势图。在 2014 年 2 月 11 日到 4 月 25 日的这段走势中，股价从 2014 年 2 月 11 日最高价 31.866 元（X 点）开始下跌，直到 2014 年 3 月 14 日出现低点 23.250 元（Y 点），之后股价开始反弹 2014 年 3 月 26 日到达 Z 点 25.782 元，Y 到 Z 的上涨幅度是 X 到 Y 的下跌幅度的 29.39%，大于 23.6%，符合条件，根据公式可以计算出下跌分界 A 值和下跌耗竭 B 值：

$$A = 25.782 - (31.866 - 23.250) \times 23.6\% = 23.479$$

$$B = 25.782 - (31.866 - 23.250) \times 47.2\% = 21.715$$

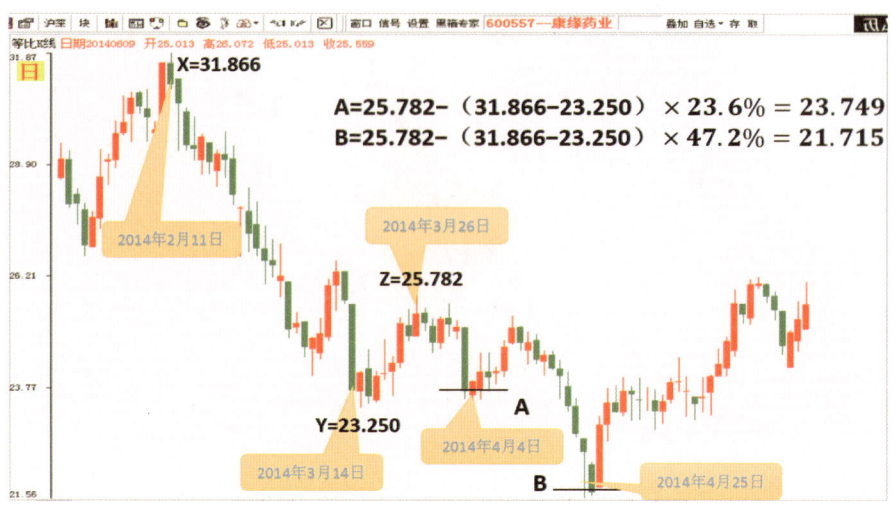

图 8.3.B 康缘药业股价下行推动分析

图中可以看到，2014 年 4 月 4 日最低价 23.241 元跌破下跌分界 A 值 23.749，次日股价开始反弹，在随后的走势中股价跌破 A 点后在 2014 年 4 月 25 日运行到 B 点见底，之后股价开始上涨。

小　结

折行推进模型在实战使用时的要点是计算时的取值问题，即使用 X、Y、Z 点进行计算时选取高、开、低、收哪一个价位的问题。

在计算涨幅或者跌幅时，X 点和 Y 点分别取最高价或最低价。在上行推进形态公式中回调幅度的计算是 Y 点的最高价到 Z 点的收盘价；下行推进形态公式中反弹幅度的计算是 Y 点的最低价到 Z 点的收盘价。各位读者在使用时必须牢记这一点。

在投资生涯中学到，如果大家都慌了，这时候去买一定会赚钱，如果所有人都在买，这个时候就要离开。对于投资家来说，把握时机的机会非常重要。

——吉姆·罗杰斯

第九章　天枢模型之影线反转

——上下影线预测次日涨跌模型

在股市中，时机的把握至关重要，永远是先知先觉者获利丰厚，而预测是把握时机的最佳方式。所以从股市诞生以来，预测就成了永恒不变的话题，对于短线客来说，如果能够预知下一个交易日是上涨还是下跌，财富的获得将会变得非常容易。

本节中，笔者将为大家介绍一种用于判断短期走势涨跌情况的方法，也就是预测下一个交易日是收阴还是收阳的方法，这种方法尤其适用于短线投资者，因为出现符合条件的形态时往往会伴随长影线，所以命名为影线反转。

第一节　任势——一代商圣的智慧

范蠡是中国历史上的一代奇人，他曾用二十余年帮助越王勾践完成灭吴霸业，年六十八被尊为上将军后散尽家财，隐姓埋名，泛舟五湖；行至齐国，改名为鸱夷子皮，带领儿子和门徒在海边结庐而居，副业经商，几年后积攒下千万家财，被齐王赏识，拜为齐相，三年后，范蠡再次急流勇退，归还相印，散尽家财；范蠡第三次迁徙至陶（今山东定陶西北），以计然之术白手起家，经商几年后又聚起丰厚身家，遂自号陶朱公，当地民众皆尊陶朱公为财神，乃我国道德经商——儒商之鼻祖。

司马迁说"范蠡三迁皆有荣名"。他不止一次散尽家财，又不止一次白手起家，成为巨富。真正做到了"千金散尽还复来"，其屡次财聚千金的秘诀又是什么呢？

《史记》中司马迁用这样一句话对范蠡其人进行了概括："忠以为国，智以保身，商以致富，成名天下"，而对于他的生平做出了"与时逐而不责于人"的评价。

"不责于人"的意思是不做对不起别人的事情，说的是他的为人；而"与时逐"恐怕就是他能够财聚千金的秘诀了——善于把握稍纵即逝的时机。

范蠡被称为"商圣"，他的致富之路，经商之道即使在今天仍然有其指导意义。范蠡的经营策略是"择人任势"。也就是说在进行商业活动时需要谨慎的选择交易伙伴和把握交易的时机。"任

> 嘿，看这里！
> 据传范蠡留有《陶朱公理财十二则》手稿，其中有关于"与时逐而不责于人"的内容：
> 知人善恶，账目不负。因财器便，任事可赖。善贮时宜，不致蚀本。犹豫不决，到老无成。

势"强调的就是交易时机的预测。"知斗则修备，时用则知物，二者形则万物之情可得而观已。" 认识市场规律，根据市场中条件的变化，来预测市场中需求的变化，从而贵出贱入。

范蠡的老师计然更是总结出了一套预测自然环境变化的规律："六岁穰，六岁旱，十二岁一大饥"，即天下六年一次大丰收，六年一次小丰收，十二年一次大的饥荒。他认为，这些都是气候变化引起的，是有规律的，是可以预测的。

而预测是把握时机的最佳方式。知道未来会发生什么样的变化，选择一个合适的时机获取利润难道不是一件十分容易的事情吗？

实际上，在很大程度上股市之道与经商之道是相通的，在股市中，时机的把握同样可以依靠预测，预测的理念是寻找股市运行的规律，在本章中笔者将要讲到的影线反转模型就是一个利用规律做出预测的模型。

第二节　影线反转的形态公式

与极数折变模型相似的是，影线反转模型也需要关注9个交易日才能对股价未来的运行做出预测。

看涨/见底公式

我们首先来看一下影线反转模型的形态公式，首先是看涨公式，同时这也是见底公式。

看涨/见底公式：当短期底部出现后，如果当日收盘价－最低价的数值是之前9个交易日（包括当日）中最大的，那么下一个交易日预期上涨，同时我们也可以判断股价于此时见底。

如果一只股票正在下跌，如何把握住最容易出现底部的时机？往往会在某一日出现一根带有长下影线的K线，我们把这根K线收盘价与最低价之间的距离和8个交易日之中所有交易日的收盘价与最低价之间的距离进行对比。如果当天收盘价与最低价之间的距离是最长的，往往预示着股价即将见底，同时可以预测下一个交易日收阳，如图9.2.A所示：

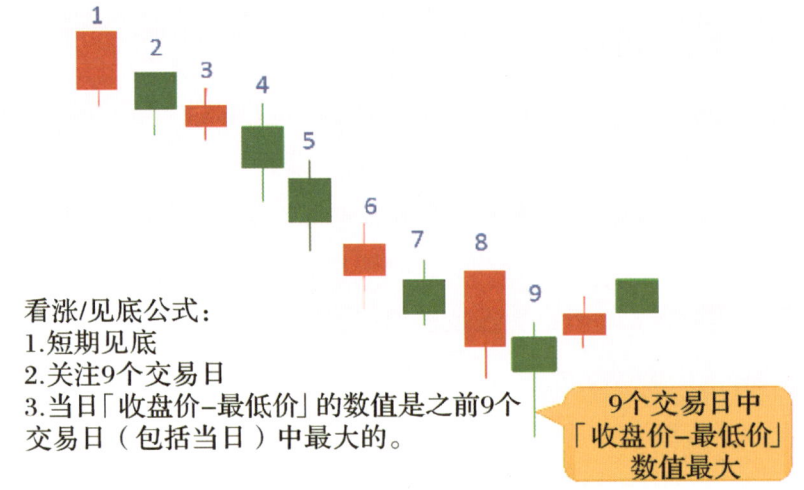

图 9.2.A 看涨 / 见底公式

图 9.2.A 中我们可以看到影线反转模型中看涨的形态公式实际上分为三个部分：

1. 短期见底；

2. 关注 9 个交易日；

3. 当日「收盘价－最低价」的数值是之前 9 个交易日（包括当日）中最大的。

若走势符合上述形态公式则可预期下个交易日上涨，反之则预期下个交易日下跌。

当然如果只是单纯的用来预测下一个交易日的涨跌情况，只要当日的收盘价与最低价之间的距离与之前 3 个交易日相比最大，那么往往下一个交易日就会上涨。

看跌 / 见顶公式

接下来我们来看看跌公式，同时也是见顶公式的形态。

看跌 / 见顶公式：当短期头部出现后，如果当日「最高价 – 收盘价」的数值是之前 9 个交易日（包括当日）中最大的，那么下一个交易日预期下跌，同时我们也可以判断股价于此时见顶。

如图 9.2.B，如果一只股票正在上涨，想要把握最容易出现顶部的时机以规避风险，可以在出现长上影线或者长实体的 K 线时计算当日「最高价 – 收盘价」的数值，并与前 8 个交易日每天的「最高价 – 收盘价」的数值相比较，如果当日的数值是最大的则可判断股价可能即将见顶，同时可以预测下一个交易日收阴。

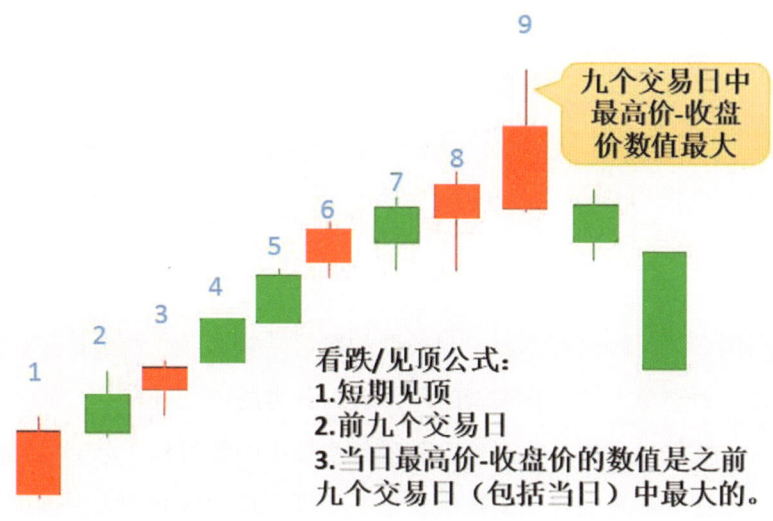

图 9.2.B 看跌 / 见顶公式

图 9.2.B 中我们可以看到影线反转模型中看跌的形态公式实际上分为三个部分：

1. 短期见顶；

2. 关注 9 个交易日；

3. 当日「最高价 – 收盘价」的数值是之前 9 个交易日（包括当日）中最大的。

若走势符合上述形态公式则可预期下个交易日下跌，反之则预期下个交易日上涨。

与看涨公式相应的，我们同样可以用当日「最高价 – 收盘价」的数值与之前 3 个交易日中「最高价 – 收盘价」的数值相比的方法来判断下一个交易日的涨跌情况，如果当日数值最大，那么往往下一个交易日就会下跌。

这里需要注意的是，看跌公式中第三部分是「最高价 – 收盘价」，也就是上影线的长度，很多投资者会把这部分记忆成「最高价 – 开盘价」，这是学习影线反转模型时容易混淆的地方。

综上所述，影线反转模型的主要作用有两个：第一是可以用来判断股价是否见底，第二是可以用来判断下一个交易日的涨跌情况。

第三节　影线反转的实战案例

当用影线反转模型判断一只股票的股价是否见底或者次日涨跌情况的时候，为避免大量运算浪费时间，可以分为两步：

首先要将当日的「收盘价－最低价」得出的数值和 3 个交易日内每天的「收盘价－最低价」的数值相比，如果当日的数值最大，则可判断下一个交易日看涨；再与前面 8 个交易日内每天的「收盘价－最低价」相比，如果当日数值仍然是最大的，则可认为当日即是低点。在实际使用的过程中，一般会选择下影线较长的交易日来作为计算的基点。

我们来看下面一个案例：

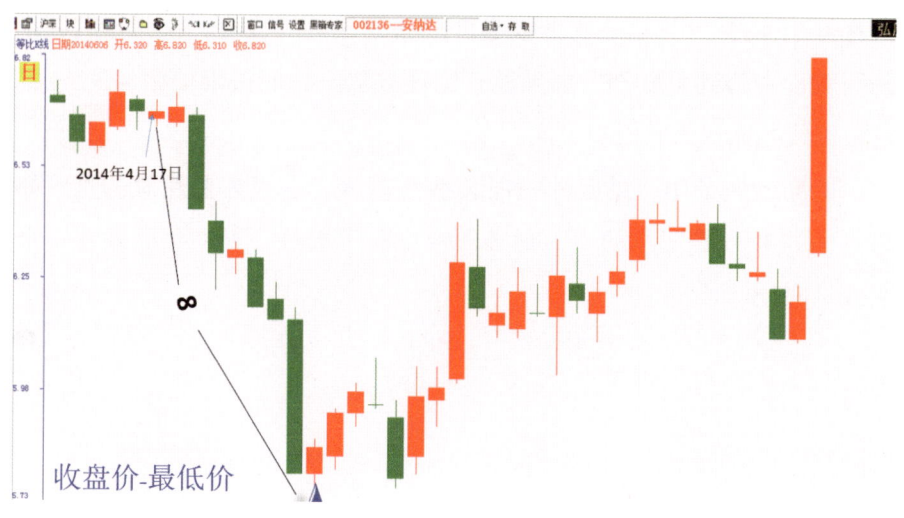

图 9.3.A 安纳达阳线判断

如图 9.3.A 是 002136—安纳达从 2014 年 4 月到 2014 年 6 月的日 K 线走势图，股价从 4 月 21 日开始加速下跌，直到 29 日出现低点，4 月 29 日股价见底之后出现了一根小阳线（图中蓝色三角标识），此处是否是底部？我们来看一下 4 月 29 日蓝色三角标识的这一根小阳线的收盘价 5.85 元减去最低价 5.73 元为 0.12。而之前 8 个交易日的收盘价减去最低价的情况如下：

2014 年 4 月 17 日，收盘价 6.67 元减去最低价 6.63 元为 0.04

2014 年 4 月 18 日，收盘价 6.68 元减去最低价 6.63 元为 0.05

2014 年 4 月 21 日，收盘价 6.42 元减去最低价 6.42 元为 0

2014 年 4 月 22 日，收盘价 6.31 元减去最低价 6.22 元为 0.09

2014 年 4 月 23 日，收盘价 6.32 元减去最低价 6.26 元为 0.06

2014 年 4 月 24 日，收盘价 6.18 元减去最低价 6.18 元为 0

2014 年 4 月 25 日，收盘价 6.15 元减去最低价 6.15 元为 0

2014 年 4 月 28 日，收盘价 5.79 元减去最低价 5.79 元为 0

可以看到 4 月 29 日之前 8 个交易日之内的收盘价减去最低价的数

值都低于 4 月 29 日这一天的收盘价减去最低价的数值，由此我们可以判断股价走势到了底部，如果没有这种方法，我们很难根据 4 月 29 日这根阳线判断股价有没有见底。

上面的例子中，见底的一根 K 线是阳线，这里需要注意的是，如果见底的 K 线是阴线的话，则必须带有长下影线。下面我们来看一个阴线见底的例子：

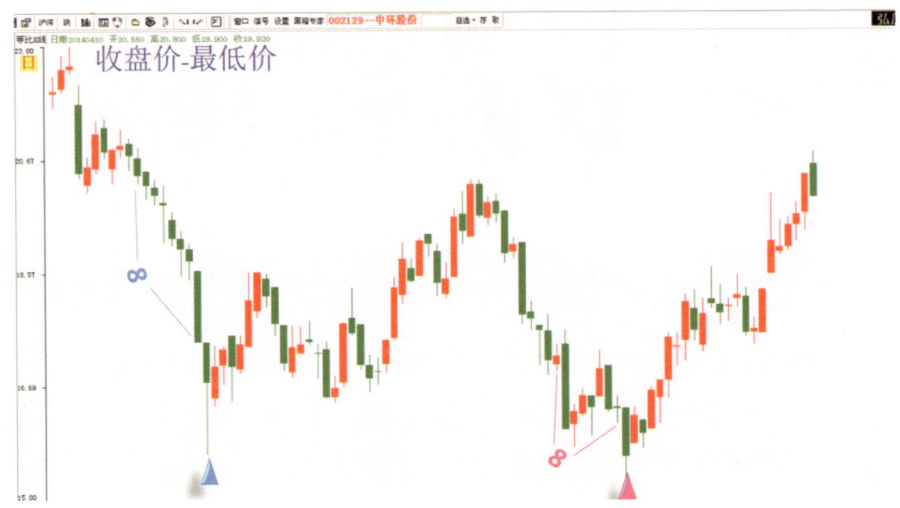

图 9.3.B 中环股份阴线判断

如图 9.3.B 是 002129—中环股份从 2013 年 11 月到 2014 年 4 月的日 K 线走势图，图中我们可以看到一共有两个阴线见底的情况，首先来看一下左边蓝色箭头标识的这个低点，这个低点是 2013 年 12 月 23 日，收盘价 7.612 元减去最低价 7.112 元为 0.5，而之前 8 个交易日的收盘价减去最低价的情况如下：

2013 年 12 月 11 日，收盘价 9.258 元减去最低价 9.180 元为 0.078

2013 年 12 月 12 日，收盘价 9.167 元减去最低价 9.044 元为 0.123

2013 年 12 月 13 日，收盘价 9.085 元减去最低价 8.999 元为 0.086

2013 年 12 月 16 日，收盘价 8.999 元减去最低价 8.680 元为 0.319

2013 年 12 月 17 日，收盘价 8.721 元减去最低价 8.662 元为 0.059

2013 年 12 月 18 日，收盘价 8.635 元减去最低价 8.412 元为 0.223

2013 年 12 月 19 日，收盘价 8.535 元减去最低价 8.385 元为 0.15

2013 年 12 月 20 日，收盘价 7.903 元减去最低价 7.903 元为 0

可以看到 12 月 23 日之前 8 个交易日之内的收盘价减去最低价的数值都低于 12 月 23 日这一天的收盘价减去最低价的数值，由此我们可以判断股价走势到了底部，同时可判断次日预期上涨，这是阴线的见底的情况，我们可以看到 12 月 23 日见底的这根阴线有很长的下影线。

我们再来看右侧粉色箭头标识的这个低点，这个低点是 2014 年 3 月 10 日，收盘价 7.090 元减去最低价 6.817 元为 0.273，而之前 8 个交易日的收盘价减去最低价的情况如下：

2014 年 2 月 26 日，收盘价 7.794 元减去最低价 7.681 元为 0.113

2014 年 2 月 27 日，收盘价 7.272 元减去最低价 7.272 元为 0

2014 年 2 月 28 日，收盘价 7.394 元减去最低价 7.153 元为 0.241

2014 年 3 月 3 日，收盘价 7.508 元减去最低价 7.362 元为 0.146

2014 年 3 月 4 日，收盘价 7.426 元减去最低价 7.226 元为 0.2

2014 年 3 月 5 日，收盘价 7.699 元减去最低价 7.499 元为 0.2

2014 年 3 月 6 日，收盘价 7.408 元减去最低价 7.390 元为 0.018

2014 年 3 月 7 日，收盘价 7.417 元减去最低价 7.317 元为 0.1

和前一个低点一样，3 月 10 日之前 8 个交易日之内的收盘价减去最低价的数值都低于 3 月 10 日这一天的收盘价减去最低价的数值，由此我们可以判断股价走势到了底部，同时可判断次日预期上涨，这也是阴线见底的情况，我们可以看到股价两次见底，见底的阴线都有很长的下影线。

前文中我们看了两个预测低点的例子，下面我们来看一下预测高点的情况：

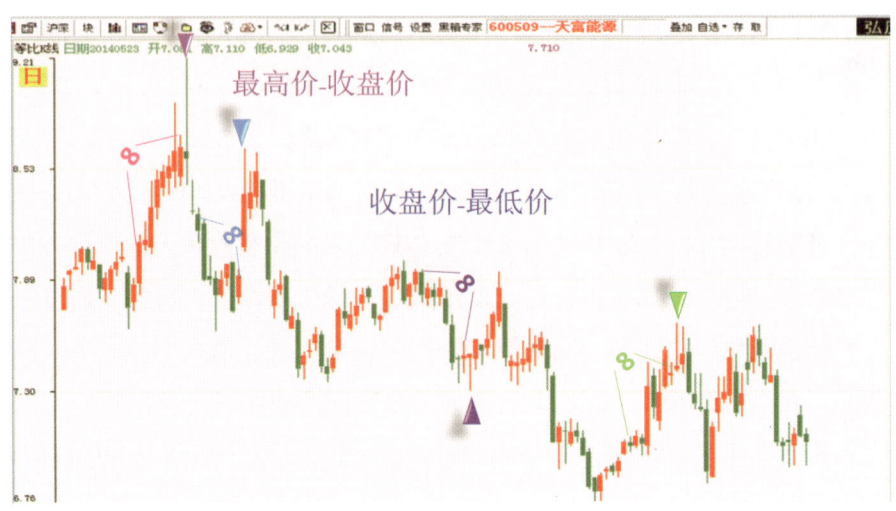

图 9.3.C 天富能源短线判阴阳

如图 9.3.C 是 600509—天富能源从 2013 年 11 月到 2014 年 5 月的日 K 线走势图，图中分别用粉色、蓝色、绿色三种颜色三角标识了 3 个顶部，用紫色三角标识了底部，我们先来看第一粉色三角标识的顶部，这一天是 2013 年 12 月 16 日，前文中我们讲到，顶部的判断规则是当日最高价减去收盘价的数值大于 8 个交易日内最高价减去收盘价的数值，那么 2013 年 12 月 26 日这一天的最高价 9.213 元减去收盘价 8.585 元为 0.628，而之前 8 个交易日的最高价减去收盘价的情况如下：

2013 年 12 月 4 日最高价 8.138 元减去收盘价 8.100 元为 0.038

2013 年 12 月 5 日最高价 8.214 元减去收盘价 8.109 元为 0.105

2013 年 12 月 6 日最高价 8.452 元减去收盘价 8.299 元为 0.153

2013 年 12 月 9 日最高价 8.518 元减去收盘价 8.461 元为 0.057

2013 年 12 月 10 日最高价 8.547 元减去收盘价 8.509 元为 0.038

2013 年 12 月 11 日最高价 8.604 元减去收盘价 8.537 元为 0.067

2013 年 12 月 12 日最高价 8.928 元减去收盘价 8.633 元为 0.295

2013 年 12 月 13 日最高价 8.728 元减去收盘价 8.652 元为 0.076

可以看到 12 月 16 日之前 8 个交易日之内的最高价减去收盘价的数

值都低于12月16日这一天的最高价减去收盘价的数值，由此我们可以判断股价走势到了顶部，同时可判断次日预期下跌，这是阴线的见顶的情况。前文中我们说到，阴线见底的情况下，见底的这根K线会有长下影线，相应的，阴线见顶的情况下，见顶的这根K线会有长上影线。如图中粉色箭头标识的（2014年12月16日）这根K线就有长上影线。

我们再看蓝色三角标识的第二个顶部，这一天是2013年12月30日，同样判断顶部，2013年12月30日这一天的最高价8.642元减去收盘价8.376元为0.266，而之前8个交易日的最高价减去收盘价的情况如下：

2013年12月18日，最高价8.299元减去收盘价8.100元为0.199

2013年12月19日，最高价8.233元减去收盘价7.890元为0.343

2013年12月20日，最高价8.023元减去收盘价7.890元为0.133

2013年12月23日，最高价7.938元减去收盘价7.805元为0.133

2013年12月24日，最高价7.938元减去收盘价7.890元为0.048

2013年12月25日，最高价7.976元减去收盘价7.976元为0

2013年12月26日，最高价7.985元减去收盘价7.719元为0.266

2013年12月27日，最高价8.642元减去收盘价8.376元为0.266

可以看到12月30日的最高价减去收盘价的数值0.266低于12月19日这一天的最高价减去收盘价的数值0.343，并且与12月26日和27日这两天的最高价减去收盘价的数值0.266相等，根据前文中的判断规则，如果12月23日这一天的最高价减去收盘价的数值大于8个交易日内所有K线的最高价减去收盘价的数值，则我们可以判断次日预期下跌。但是在这个例子中明显不符合这个条件，所以我们可以判断次日预期上涨。

绿色三角标识的第三个顶部，最高点是2014年4月21日7.652元，判断顶部，2014年4月21日的最高价7.652元减去收盘价7.424元为0.228，而之前8个交易日的最高价减去收盘价的情况如下：

2014年4月9日，最高价7.072元减去收盘价7.024元为0.048

2014 年 4 月 10 日，最高价 7.100 元减去收盘价 7.072 元为 0.028

2014 年 4 月 11 日，最高价 7.081 元减去收盘价 7.034 元为 0.047

2014 年 4 月 14 日，最高价 7.443 元减去收盘价 7.319 元为 0.124

2014 年 4 月 15 日，最高价 7.414 元减去收盘价 7.214 元为 0.2

2014 年 4 月 16 日，最高价 7.405 元减去收盘价 7.291 元为 0.114

2014 年 4 月 17 日，最高价 7.529 元减去收盘价 7.510 元为 0.019

2014 年 4 月 18 日，最高价 7.443 元减去收盘价 7.386 元为 0.057

可以看到 4 月 21 日之前 8 个交易日之内的最高价减去收盘价的数值都低于 4 月 21 日这一天的最高价减去收盘价的数值，由此我们可以判断股价走势到了顶部，这是阳线的见顶的情况。

下面我们来看一下紫色三角标识的底部，最低点是 2014 年 2 月 28 日 7.300 元，收盘价 7.490 元减去最低价 7.300 元为 0.19，而之前 8 个交易日的收盘价减去最低价的情况如下：

2014 年 2 月 18 日，收盘价 7.805 元减去最低价 7.766 元为 0.039

2014 年 2 月 19 日，收盘价 7.843 元减去最低价 7.747 元为 0.096

2014 年 2 月 20 日，收盘价 7.795 元减去最低价 7.747 元为 0.048

2014 年 2 月 21 日，收盘价 7.471 元减去最低价 7.395 元为 0.076

2014 年 2 月 24 日，收盘价 7.652 元减去最低价 7.643 元为 0.009

2014 年 2 月 25 日，收盘价 7.443 元减去最低价 7.405 元为 0.038

2014 年 2 月 26 日，收盘价 7.462 元减去最低价 7.338 元为 0.124

2014 年 2 月 27 日，收盘价 7.481 元减去最低价 7.386 元为 0.095

可以看到 2 月 28 日之前 8 个交易日之内的收盘价减去最低价的数值都低于 2 月 28 日这一天的收盘价减去最低价的数值，由此我们可以判断股价走势到了底部，同时可判断次日预期上涨，这是阳线见底的情况。

小 结

本节中介绍了影线反转模型,这个模型不仅仅可以用来判断股价的运行是否到达高点或者低点,还可以用来判断下一个交易日是会上涨还是会下跌。

在学习和使用影线反转模型的时候要注意几个点:

第一,注意连续阴线后出现一根小阳线的情况;

第二,注意带有长下影线或者是长上影线的K线。

需要注意的是,在判断下一个交易日的涨跌情况的时候需要加一个条件:当下一个交易日的最低价比当日的最低价还要低的时候,股价可能不会上涨。虽然出现这种情况的概率很小,但仍然需要大家注意。

> 时间是决定市场走势的最重要因素。
>
> ——威廉·江恩

第十章　天枢模型之精算变盘
——次日的涨跌空间预测模型

和上一章中笔者讲到的影线反转模型相同，本章中要讲的精算变盘模型也有两个作用：第一个作用是对下一个交易日作出预测，影线反转模型只是简单的预测下一个交易日是预期上涨还是预期下跌，并不能对下一个交易日的价位作出预测，而本章中笔者将要介绍的精算变盘模型是一个能够对下一个交易日的价位进行预测的模型。这是一种根据当日收盘价和开盘价之间的关系，预测下一个交易日的最高价、最低价及股价波动范围的模型。

第二个作用是其主要作用；通过股市中的时空共振来预测变盘的位置。精算变盘的名字也是由此而来。

第一节 江恩理论中的数字表达

威廉·江恩（William Delbert Gann）是二十世纪著名的投资家之一，在他长达45年的华尔街投机生涯中，江恩大约赚取了5000万美元的利润，在现今相当于超过5亿美元价值。

江恩最为世人所铭记、流传最广的事迹是他在1909年接受当时著名的《股票行情与投资文摘》杂志访问时，在杂志编辑的监督下在25个交易日里进行了286次交易，其中获利交易264次，亏损交易22次，在平均每20分钟一次的交易中，获利率达到了92.3%，而且在此期间江恩使资本增值了10倍！这让我们不得不惊奇于这位交易大师精湛的交易技术。

相比于这位投资大师的辉煌战绩，江恩的股市理论则流传更为广泛，他提出的将时间与价格相结合的理论，至今仍为许多投资界人士所传颂和研究。

江恩理论认为在股票和期货市场的运行中也存在着类似宇宙中的自然规律，市场的价格运行趋势是有规律可循的，并且可以通过数学方法进行预测的。

江恩线是江恩理论中体现时间与价格关系的重要概念。它的数学表达中存在着两个基本要素：即价格和时间。江恩在X轴上建立时间，在Y轴建立价格，通过江恩线来对市场的走势进行预测。

江恩曾说过："当价位和时间形成了四方形,市场转势便迫在眉睫。"他认为，在金融市场中时间和价格存在着共振的法则。如果能够真正的掌握这些法则，就可以准确预测未来市场时间和价格的变化。

通俗来讲，就是在市场运行时，市场中的时间和价格会发生共振，从而引发变盘，也就是说，市场中的价格在对的时间到达对的点位，就会发生变盘。

在此理论基础上，我们可以用数学的方式计算出市场将要发生变盘的位置。

这也是我们本章中所要讲到的精算变盘模型的理论基础。

第二节　精算变盘的形态公式

在使用精算变盘模型对下一个交易日的情况进行预测时，需要用到当前交易日的高、低、收三个数据计算出当天的精算值 X，并且需要根据当日的涨跌情况选取不同的形态公式。

精算值 X 的计算公式：

阴线公式：$X = (H + 2L + C) \div 2$；

阳线公式：$X = (2H + L + C) \div 2$；

十字星公式：$X = (H + L + 2C) \div 2$。

公式中 H 代表当前交易日最高价，L 代表当前交易日最低价，C 代表当前交易日收盘价。

下一交易日高低点的预测公式：

高点公式＝精算值 X －当前交易日最低价；

低点公式＝精算值 X －当前交易日最高价；

预测波动范围在预测低点到预测高点之间。

实际上精算变盘模型的形态公式不仅只有上述一种，还有一种以当日开盘价与前一交易日收盘价的关系来计算精算值的公式。当然，两种公式求出来的精算值是不同的，所以笔者将用第二种公式求出来的精算值命名为精算值 Y。

精算值 Y 的计算公式：

若前一交易日收盘价＜当前交易日开盘价，则 Y = H + 2L + C；

若前一交易日收盘价＞当前交易日开盘价，则 Y = 2H + L + C；

若前一交易日收盘价＝当前交易日开盘价，则 Y = H + L + 2C。

在公式中 H 代表当前交易日最高价，L 代表当前交易日最低价，C 代表当前交易日收盘价。根据前一交易日的收盘价和当前交易日的开盘价相比较的关系来选取不同的公式计算精算值 Y，精算值 Y 也可用于预测下一交易日的高低点，其计算公式如下：

高点公式 =（X/2）− L；

低点公式 =（X/2）− H；

预测波动范围在预测低点到预测高点之间的距离。

上述公式看起来比较复杂，好像和我们本章中所讲到的第一个公式有很大差别，实际上换算完毕后是一样的，只有一点不同，第一个公式中计算精算值 X 的公式选取条件是 K 线的阴阳；而第二个公式中计算精算值 Y 的公式选取条件是前一交易日收盘价和当日开盘价之间的关系。

经过数据检验，笔者个人认为在对下个交易日高低点的预测上，这个公式要优于上一个公式。

熟悉了模型的形态公式之后，就涉及到如何使用精算变盘模型的问题，在前文中笔者讲到过精算变盘模型的两大作用是通过时间与价格的共振来预测变盘以及预测下一个交易日的高低点和波动范围。

实际上精算变盘模型的应用核心有三个：分别是点位预测，即预测下一交易日的高低点；区间预测，即预测下一交易日的股价波动范围；变盘预测，即当预测高低价或区间得到确认时即可判断股价可能会发生变盘。

明日预测

我们首先来看预测下一交易日点位的具体方法以及注意事项。当我们通过形态公式预测出下一个交易日的高点和低点之后，在股价达到该日幅度预测范围内的较低点附近价格水平时买进，在股价达到当日幅度预测范围内的峰顶价格水平时卖出。

如果出现下一个交易日开盘价低于预测低点或高于预测高点时，就不要采取任何行动了。这种情况意味着供应/需求动态已经发生转变，此时应该静待时机。而且市场供需动态发生转变这个信息本身也是非常有用的。当市场开盘价高于预测高点或者低于预测低点的时候，往往会反映出近期价格行为趋势会在当日剩余时间里继续沿着突破方向发展。

需要注意的是，这些数值仅是隔天价格行为的基准参考点。对于当日买卖做差价的投资者，笔者建议运用如下的方法：

如果开盘价位在预测的价格区间内，预测高点对股价有压力作用，预测低点对股价有支撑作用。如果开盘价位在预测区间之外，即出现开盘价高于预测高价或低于预测低价的情况时，说明供/需的均衡已经发生显著的变动，短期的价格趋势应该继续朝开盘的突破方向发展。一旦发生这类的突破，短线交易者有两个选择：

1. 忽略当天的价格预测区间；

2. 如果开盘向上突破，将支撑位调整到预测高价的稍下方；如果开盘向下突破，将压力位调整到预测低价的稍上方。

实际上下一个交易日的走势有可能会出现多种情况，不同的情况可能反映市场中不同的变化，在下面的内容中笔者将会一一举例对这些情况进行重点讲述。

共振变盘

精算变盘模型对于变盘的预测有三种情况：

首先要预测出下一个交易日的最高价在什么位置，如果下一个交易日股价涨到预测目标位置就跌下来，则时间与价格发生共振，此处有可能形成短期头部；

第二种情况与第一种情况相反，预测出下一个交易日的最低价在什么位置，如果下一个交易日股价跌到预测目标位置就涨上去，时间和价格发生共振，则有可能形成短期底部；

第三种情况是预测出下一个交易日股票波动幅度，如果下一个交易日正好达到预测的波动范围，则同样可视为时间与价格的共振，则股价在这个点位有可能出现变盘。

对于精算变盘模型的两种使用方法都有简单的了解之后，我们来看两者结合的使用方法和注意事项，首先来看下面的图 10.2.A：

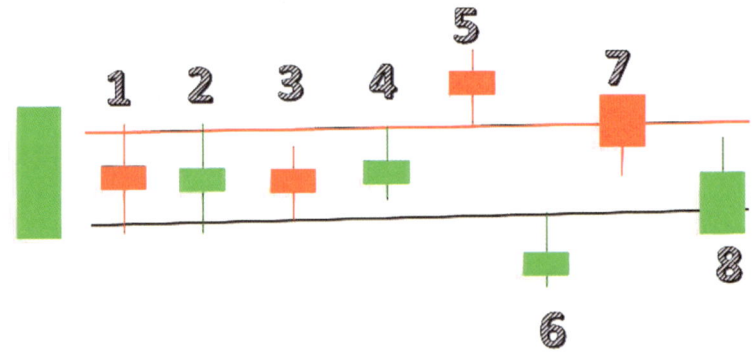

图 10.2.A 8 种可能出现的情况

如图 10.2.A 所示，这是求得预测结果之后，下一个交易日走势的 8 种可能会出现的情况，图中上方的红线是我们预测的高价，下方的黑线是我们预测的低价。如果是用一根阴线预测下一个交易日，正常情况下会出现 1 和 2 两种走势。若下一个交易日实际的最高和最低价都达到了我们的预测高价和预测低价，这时就出现了一个问题，当天是会收阴还是收阳？

答案是：如果下一个交易日是先达到我们预测的高价，当天就会收阴；反之，如果下一个交易日是先达到我们预测的低价，则当天就会收阳。

上面的状态再细分还有 3 种情况，如果下一个交易日股价是先上涨到我们预测的高价然后收阴的话，往往会出现一个短期高点；

如果下一个交易日股价是先上涨到我们预测的高点后又下跌到预测低点，最后收阳的话，那就意味着接下来 3 个交易日的最高价与收盘价都会比今天高，这一天就相当于一个低点；

还有一种情况是：下一个交易日的股价先下跌到我们预测的低点，但是仍然收阴，出现这种情况，那么后期往往就会下跌，这一交易日虽然可能不是短期头部，但是股价接下来还会调整。

图 10.2.A 所示的 3 和 4 两种情况，它们的特点就是股价下跌到预测的最低价但是没有上涨到预测的最高价，或者是上涨到预测的最高价但是没有下跌到预测的最低价。若下一个交易日的走势正好跌到预测的最低价，之后马上回升且当日收阳，则可判断短期低点的形成；反之，若下一个交易日的股价正好上涨到预测的最高价，之后马上回落且当日收阴，则可判断短期头部的出现。各位读者可以在盯盘的时候留意一下，形成头部的 K 线很多都是这样的情况。

需要注意的是，必须是股价正好打到我们预测的最高（低）价回落（升），才可以判断是变盘点，这里不允许存在误差。实际上，股价上涨到最高价后当天收阴和股价正好下跌到最低价当天收阳两种情况相比，后者出现高点的概率比前者要高得多，因为后者是一种主力的骗线行为。

图 10.2.A 所示的 5 和 6 两种情况，它们的特点是下一个交易日的开盘价高（低）于我们预测的高（低）价，这种情况下，当日往往就会收阳（阴）线，股价会朝着突破的方向运行。高开的就有可能收阳，低开的就有可能收阴，我们预测的最高价就变成了支撑位，预测的最低价就会变成压力位。

图 10.2.A 所示的 7 和 8 两种情况比较复杂，需要认真学习才能理解。在这里我们需要引入一个概念，叫做真实波幅，真实波幅包括真实涨幅和真实跌幅。

需要注意的是，此处的真实波幅并非是指一定时间周期内的股价波动幅度的移动平均值，即 ATR，而是指当日最高价与前一交易日收盘价之间较大的数值减去当日最低价与前一交易日收盘价之间较低的数值所得的结果。

如果当日的开盘价在真实波幅的 15% 以上，就意味着当天有很大可能要收阳，且阳线的收盘价可能会高于我们预测的最高价，反之也是如此。

第三节 精算变盘的实战案例

下面我们来看一下精算变盘模型的实战案例，首先我们来看大盘上的例子，如图 10.3.A 所示：

图 10.3.A 上证指数精算变盘

如图 10.3.A 是 1A0001—上证指数的日 K 线走势图，图中标注了几个点，第一个点（黄色圆角矩形标注）是 2014 年 3 月 28 日，最高点 2060.13，最低点 2035.24，收盘 2041.71，代入公式可分别计算出精算值 X，下个交易日的预测高低点和预测波动区间。

阴线 X 值（2060.13 + 2 × 2035.24 + 2041.71）÷ 2 = 4086.16

预测最高点 4086.16 − 2035.24 = 2050.92

预测最低点 4086.16 − 2060.13 = 2026.03

预测波动区间 24.89

下一个交易日，也就是 2014 年 3 月 31 日的最高点是 2048.13，最低点是 2024.18，收盘是 2033.31。

最高点 2024.18 和最低点 2033.31 之间相差 23.95，与预测波动区间 24.89 相差不到一个点，我们可以认为两个波动区间相等，因此判断当日出现了时间与价格的共振，将要发生变盘；可以看到股价的走势在 3 月 31 日出现了低点，之后股价开始大幅拉升，正好印证我们的预测。

第二个点（蓝色圆角矩形标注）是 2014 年 4 月 11 日，这一天的 K 线是一个十字星，最高点 2138.65，最低点 2120.18，收盘 2130.54。同样带入公式分别计算出精算值 X，下个交易日的预测高低点和预测波动区间。

十字星 X 值（2138.65 + 2120.18 + 2 × 2130.54）÷ 2 = 4259.955

预测最高点 4259.955 − 2120.18 = 2143.345

预测最低点 4259.955 − 2138.65 = 2125.525

预测波动区间 17.82

下一交易日是 2014 年 4 月 14 日最高点 2134.43，最低点 2116.61，收盘 2131.54。

最高点 2134.43 和最低点 2116.61 之间相差 17.82，与预测波动区间相同，同样属于时间与价格共振的情况，可以看到当日股价的走势同样发生了变盘成为头部。

指数阳线预测高点共振变盘案例如下：

图 10.3.B 上证指数预测高点精算变盘

如图 10.3.B 是 1A0001——上证指数从 2015 年 3 月 31 日到 2015 年 5 月 15 日的日 K 线走势图，图中黄色圆角矩形标注的是 2015 年 4 月 27 日的 K 线，这是一根大阳线，开盘与最低点相同，是 4441.93，最高点是 4529.73，收盘是 4527.40。而根据前文中预测下个交易日点位以及波动区间的公式，我们需要用到的是最高点、最低点和收盘 3 个数据，所以在实际使用中，投资者只需要收集这 3 个数据就可以了。

根据阳线公式 $X =（2H+L+C）÷2$，代入数据可求得：

阳线 X 值 =（4529.73×2 + 4441.93+4527.40）÷ 2 = 9014.395

预测最高点 = $X - L$ = 9014.395 - 4441.93 = 4572.465

预测最低点 = $X - H$ = 9014.395 - 4529.73 = 4484.665

而下个交易日也就是 2015 年 4 月 28 日，在图中用绿色圆角矩形标注，这个交易日指数的最高点为 4572.39，与预测点位仅相差 0.07 个点，则可判断指数由此发生共振，即将发生变盘，应及时回避风险。

可以看到，在实际的走势中，指数从 4 月 28 日开始了相当幅度的调整，如能熟练使用精算变盘模型，投资者可规避此处指数下跌所带来的风险。

个股十字星预测高点共振变盘案例如下：

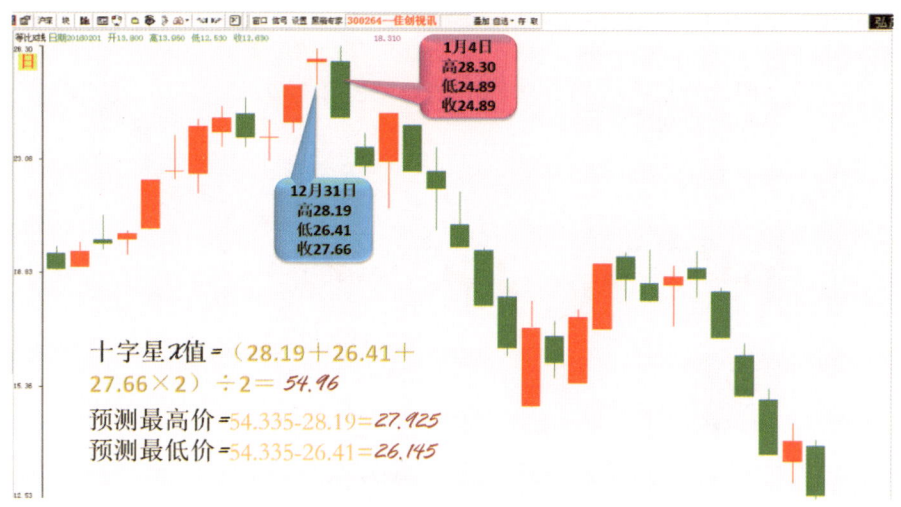

图 10.3.C 佳创视讯精算变盘

如图 10.3.C 是 300264—佳创视讯从 2015 年 12 月 16 日到 2016 年 2 月 1 日的日 K 线走势图，图中蓝色圆角矩形标注的 K 线是 2015 年 12 月 31 日，最高价是 28.19 元，最低价是 26.41 元，收盘价是 27.66 元，是一根十字星，代入公式可求得 X 值：

$X = (28.19 + 26.41 + 27.66 \times 2) \div 2 = 54.96$

预测最高点 $= X - L = 54.96 - 26.41 = 28.55$

预测最低点 $= X - H = 54.96 - 28.19 = 26.77$

预测波动区间 $= 1.78$

下一个交易日是图中粉色圆角矩形标注的 2016 年 1 月 4 日，最高价 28.30，最低价和收盘价都是 24.89。最高价 28.30 与预测最高价 28.55 相差 0.25 元，我们可以认为 1 月 4 日股价涨到预测高点即开始下跌并且收阴，则可判断股价出现高点，如图 10.3.C 中的走势，股价在 1 月 4 日之后开始了大幅下跌。

如果投资者使用精算变盘模型提前预测出高点，则可避过此次下跌带来的风险。

阴线预测低点共振变盘案例如下：

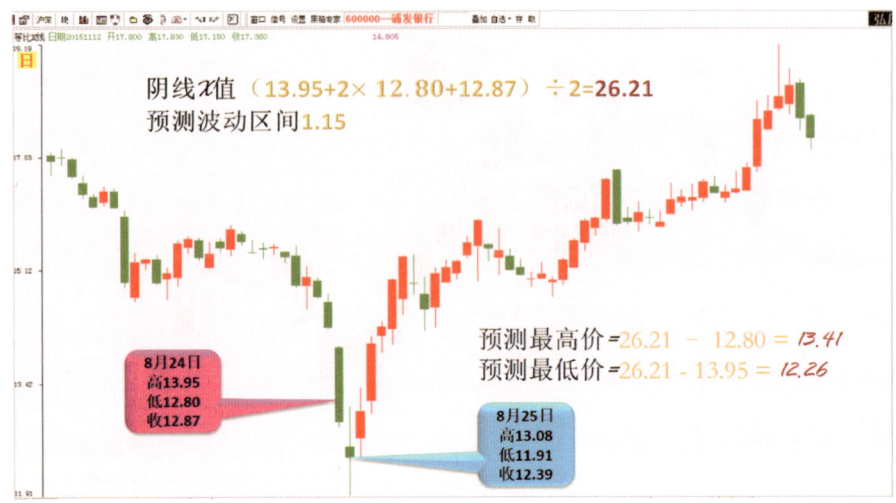

图 10.3.D 浦发银行精算变盘

如图 10.3.D 是 600000——浦发银行从 2015 年 7 月 16 日到 2015 年 11 月 12 日的日 K 线走势图，图中粉色圆角矩形标注的是 2015 年 8 月 24 日的 K 线，图中可以看到，这是一根大阴线，最高价是 13.95 元，最低价是 12.80 元，收盘价是 12.87 元。

根据阴线公式 X =（H+2L+C）÷2，代入数据可求得：

阴线 X 值 =（13.95 + 12.80×2+12.87）÷ 2 = 26.21

预测最高价 = X − L = 26.21 − 12.80 = 13.41

预测最低价 = X − H = 26.21 − 13.95 = 12.26

预测波动区间 = 13.41 − 12.26 = 1.15

图中用蓝色圆角矩形标记下的交易日也就是 2015 年 8 月 25 日，这个交易日的最高价为 13.08 元，与预测高点 13.41 元相差 0.33 元，最低价为 11.91 元，与预测低点 12.26 相差 0.35 元。最高点与最低点的实际值与预测值之间的差距不大不小，我们很难做出一个准确的判断。

那么可以进一步计算股价的波动区间，股价的实际波动区间为 1.17，而预测波动区间为 1.15，两者仅相差 0.02，则可判断股价走势即将发生转变，此时处于股价低点，可伺机建仓，把握利润。

可以看到，在实际的走势中，股价从 8 月 25 日起涨，开始了持续 62 个交易日的上涨走势，涨幅高达 60.29%。

如能熟练使用精算变盘模型，投资者可抓住这一波上涨带来的利润。

区间预测变盘案例如下：

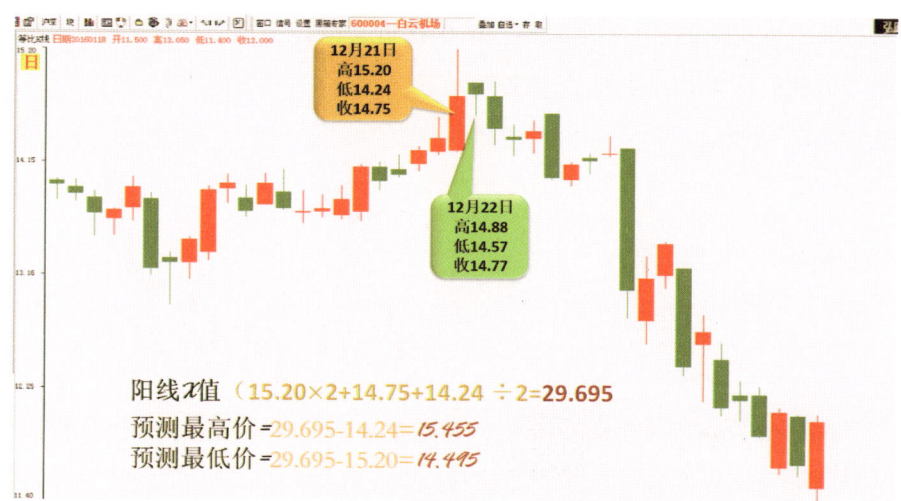

图 10.3.E 白云机场精算变盘

如图 10.3.E 是 600004—白云机场从 2015 年 11 月 20 日到 2016 年 1 月 18 日的日 K 线走势图，图中黄色圆角矩形标注的点是 2015 年 12 月 21 日，最高价是 15.20 元，最低价是 14.24 元，收盘价是 14.75 元，与前两个案例不同的是，12 月 21 日是一根阳线，需要代入阳线公式求解 X 值：

X =（15.20×2 + 14.24 + 14.75）÷ 2 = 29.695

预测最高价 = X − L = 29.695 − 14.24 = 15.455

预测最低价 = X − H = 29.695 − 15.20 = 14.495

预测波动区间 = 0.96

下一个交易日是图中绿色圆角矩形标注的 2015 年 12 月 22 日，

最高价 14.88 元，最低价 14.57 元，收盘价 14.77 元。可以看到最高价 14.88 元与预测最高点 15.455 相差 0.575 元，最低价 14.57 元与预测最低价 14.495 元之间更接近，仅相差 0.075 元，本案例中的走势就属于前文中笔者在图 10.2.A 中讲述 1、2 两种走势时提到的一种情况，即下一个交易日的股价先下跌到预测最低点，但是仍然收阴。

出现这种情况时，股价后期往往就会下跌，可以看到，12 月 22 日之后股价连续下跌 19 个交易日，跌幅接近 20%。

典型时间与价格共振变盘案例如下：

图 10.3.F 豫光金铅精算变盘

如图 10.3.F 是 600531—豫光金铅从 2015 年 12 月 10 日到 2016 年 3 月 25 日的日 K 线走势图，图中蓝色圆角矩形标注的点是 2016 年 1 月 15 日，最高价是 4.040 元，最低价是 3.643 元，收盘价是 3.670 元，是一根阴线，代入阴线公式可计算出 X 值：

X =（4.040 + 2 × 3.643 + 3.670）÷ 2 = 7.498

预测最高价 = X − L = 7.498 − 3.643 = 3.855

预测最低价 = X − H = 7.498 − 4.040 = 3.458

预测波动区间 = 0.397

下一个交易日是图中粉色圆角矩形标注的 2016 年 1 月 18 日，收盘价是 3.720 元，最高价 3.837 元与预测最高价 3.855 元之间相差 0.018 元；最低价 3.514 元与预测最低价 3.458 元之间相差 0.056 元。

预测波动区间是 0.397；实际波动区间是 0.323，两者相差 0.074。

可以看到这个案例中，预测的最高价、最低价、波动区间与实际值之间的误差都小于 0.1，属于典型的时间与价格共振的现象，可以预测股价即将出现变盘。在实际的走势中，股价从 2016 年 1 月 18 日开始起涨，截止到笔者写到本章节时，涨幅已经超过 200%，若能用好精算变盘模型，其中的利润不言自明。

前文中也提到，精算变盘模型的形态公式中只需要用到最高价、最低价和收盘价，而不涉及开盘价。所以在实战中使用精算变盘模型时，投资者可以仅收集股价处于高位或者低位时每个交易日的最高价、最低价和收盘价，进行变盘预测。

小　结

精算变盘的模型有两套形态公式，第一套公式便于理解和记忆，第二套公式预测精度更高。各位读者在实际使用时可以按照个人喜好选取形态公式，但是切记不要将两套公式记混。

这个模型的两个功能：预测下个交易日的高低点位和波动区间以及利用时间与价格的共振来预测变盘，在实际使用时笔者建议两相结合，跟踪预测价格走势，一旦发现变盘则抓住机会获取收益。

最后请牢记投资大师江恩的劝诫：记住，跟随所有的规则，检查再检查，研究大小周期以作预测，看紧阻力水平，观察市场的顶部及底部形态，若有任何遗漏，你将陷入错误之中。

> 我们拥有一切天文学及数学上的证明，以决定市场的几何角度为什么及如何影响市场的走势。
>
> ——威廉·江恩

第十一章　天枢模型之几何预测
——趋势变换后升降高低点预测模型

本章中将要讲到的模型是几何预测模型，与精算变盘模型一样，这个模型同样也是脱胎于江恩的理念。

精算变盘模型秉承的是江恩的理念中关于时间与价格相结合的部分，本章中讲到的几何预测则是脱胎于江恩理念中将数学与几何学应用于股市预测的部分。

第一节 "一把直尺打天下"

一直以来，股市中都有"一把直尺打天下"的说法。说的就是几何学在股市中的重要作用，而将几何学应用在股市中的大师们，最负盛名的恐怕要数威廉·江恩了，这位投资大师不仅在证券领域造诣惊人，在几何学、星相学、哲学等领域也有很深的研究。他所使用的分析和预测方法是根据数学、几何学乃至星相学为基础开发而来的，极其神秘。

人们相信，如果掌握着这套方法，就能够重现江恩的获利奇迹。

在证券投资生涯中，江恩创立了独特的技术分析理论，其理论体系中有许多独创的技术和方法都是与几何学相关的，比如：周期理论、江恩角度线、江恩四方形、江恩六角形等等。

各种几何图形在江恩的预测体系中十分常见。本章中笔者讲到的模型虽然脱胎于江恩的理念，但却与江恩的几何预测方法相差甚远，这套模型不需要将几何图形绘入K线图中，而是要借助趋势线和股价本身的运行轨迹，来形成几何图形进而预测出股价未来的高点或者低点。

这套模型的原理相对复杂，需要从趋势线开始讲起。

趋势线是投资者应用最广泛的方法，但是很少有投资者知道趋势线还是一把精确的测量尺。比如说，在下降趋势里股价出现波段低点，随后开始突破趋势线，那么突破后股价会上涨到什么位置呢？其实趋势线是股价波动管道的上沿，股价突破趋势线后，仍然会走出同一个管道的宽度，尤其是下跌过程中大波段的反弹，也就是说：

下跌突破趋势线的目标位＝波段低点和所在当日趋势线的实际距离＋突破趋势线的实际价格。

这是一种用趋势线来测算股价未来转折点位的模型。当市场运行到预测点位时，趋势线与股价走势之间会形成一个三角形，所以将这套模型命名为几何预测。

第二节 几何预测的形态公式

几何预测模型中包括高点预测和低点预测两个部分,下面我们来看一下几何预测模型的形态公式。

高点预测的形态公式

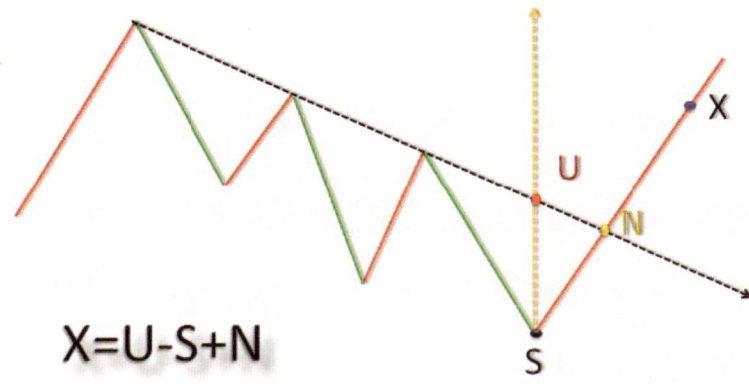

图 11.2.A 高点预测的形态公式

如图 11.2.A 所示,高点预测的形态公式是用来预测股价未来高点的。当市场正在向下运行时,若股价突破下降趋势线(图中黑色箭头虚线)开始上涨,那么最终股价要上涨到什么位置?首先取决于这个形态中最重要的一个交易日——股价发生转折的位置,也就是最低点。在图中,我们用 S 来标记最低点,从 S 点向上画一条水平线的垂线(如图中黄色箭头虚线),这条垂线和趋势线会有一个交点,记为 U 点,股价突破趋势线的交点记为 N 点,S、U、N 这三个点形成一个三角形。当这个三角形被确立以后,我们就可以测算出股价未来高点也就是 X 点的价格。

计算公式如下：

$$X = U - S + N$$

几何预测还有很多种方法，本章中我们所讲的是其中最简单直观且应用最广泛的一种。它所用到的是垂直距离，即股价在 N 点突破趋势线以后运行至 X 点的距离等于股票的最低点 S 到 U 点的距离。

低点预测的形态公式

高点预测的形态公式与低点预测的形态公式近似，并且这两个公式的原理是一致的。

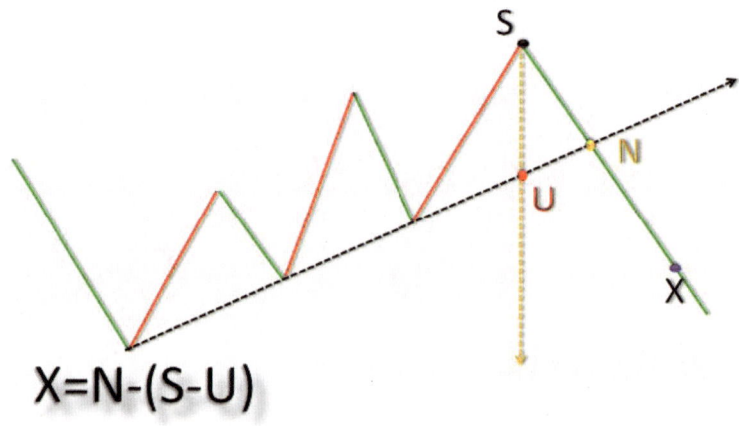

图 11.2.B 低点预测的形态公式

如图 11.2.B 所示，低点预测的形态公式是用来预测股价未来低点的。当市场正在向下运行时，若股价跌破上升趋势线（图中黑色箭头虚线）开始下跌，那么股价未来的低点就要取决于转折点 S，同时 S 点也是最高点，过 S 点向下做一条水平线的垂线（如图中黄色箭头虚线），垂线与趋势线的交点设为 U 点，股价跌破趋势线的交点记为 N 点，S、N、U 三个点同样确立了一个三角形，想要求出股价运行的低点 X，就需要用 S 点的价格减去 U 点的价格，先算出 S、U 两点之间的垂直距离，然后再用 N 点减去这个垂直距离。

具体计算公式如下:

$$X = N - (S - U)$$

与高点预测的形态公式有些小区别,但两种方法秉承的原理都是一样的,即 S 点到 U 点的距离等于 N 点到 X 点的距离。

只要牢记这个原理,聪明的读者自己就能推导出计算高点或者低点的公式,甚至开发出几何预测模型更加复杂的运用方法。

第三节 几何预测的实战案例

几何预测模型的实战案例如下:

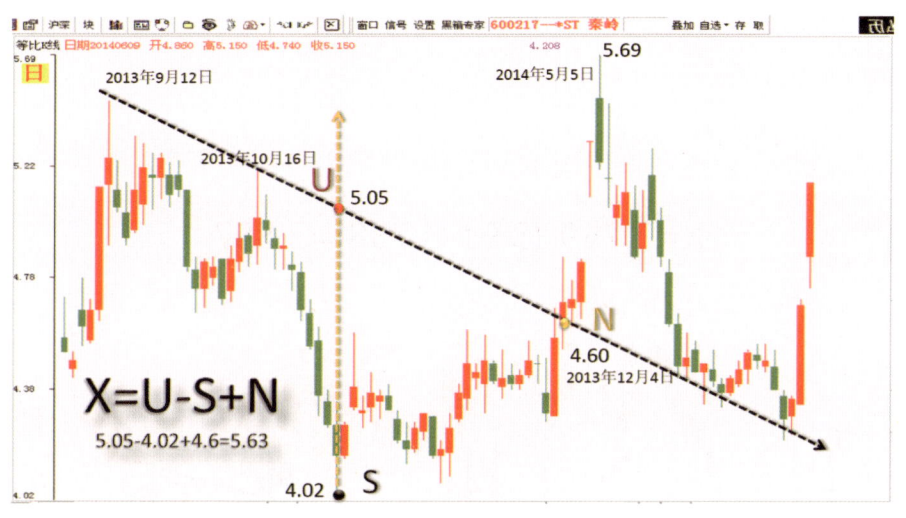

图 11.3.A *ST 秦岭下降趋势线测算

如图 11.3.A 是 600217—*ST 秦岭从 2013 年 9 月到 2014 年 6 月的日 K 线走势图,连接 2013 年 9 月 12 日高点和 2013 年 10 月 16 日高点得到下降趋势线(图中箭头虚线)。图中我们可以看到 2013 年 10 月 29 日股价出现低点 S,最低价为 4.02 元,过点 S 做一条水平线的垂线,与趋势线的交点为 U，则 U 点的价格为 5.05 元，2013 年 12 月 4 日股价突破趋势线，突破点为 N，通过作图求得 N 点的价格为 4.60 元。

根据公式

$$X = U - S + N$$

可以求得 $X = 5.05 - 4.02 + 4.60 = 5.63$

而股价实际的走势中，2014 年 5 月 5 日出现最高价为 5.69 元，X 点在其上影线的位置。在这里需要注意的一点是，在使用几何预测模型时，画趋势线用的是最高价或者是最低价，而不是多数投资者偏爱的收盘价。

上面案例中的这只股票如果没有这种方法，我们很难判断出它的高点，因为它从一个高点跌下来之后直接创了新高。一般来说，一只股票的股价创了新高，我们就会认为它还会继续上涨，但是这只股票创的新高反而成了高点。

低点预测案例如下：

图 11.3.B 岷江水电上升趋势线测算

如图 11.3.B 是 600131—岷江水电从 2014 年 1 月到 2014 年 6 月的日 K 线走势图，图中我们可以看到，股价是在底部震荡，连接 2014 年

1月17日低点和2014年3月11日低点得到趋势线，2014年4月25日股价以长阴线跌破趋势线，交点为N，则N点为3.759，图中我们可以看到，2014年4月17日出现高点S（这里说的高点是指波段的最高点），最高价3.91元，过S点做水平线的垂线与趋势线交点为U，则U点为3.738。

代入公式，计算X点的价格为3.587元。

实际走势中股价于2014年4月28日出现低点3.578元，与预测值仅相差0.009元。

小 结

几何预测模型在使用中还有一个难点，现在很少有投资者自己动手画K线图了，那么怎么才能找到交点的准确数值？

有条件的读者可以借助股票软件，现在很多股票软件都具有画线功能，可以在K线图上做出辅助线，也有不少软件可以读出鼠标悬停点的价格数据，比如笔者常用的预测大师软件就可以实现这一功能。

第四卷　分析之道　意如柔水

——预测离不开分析

"兵者，诡道也"股市亦然。

对于股市，笔者的一个朋友有一个很有趣的比喻，他说股市就像开夜车，你永远不知道前面有什么在等着你。作为投资者，我们总是在混乱中寻找秩序，在变化中探寻规律，其中的艰辛，实不足为外人道。

笔者认为，如果股市就像开夜车，那么规律就是导航仪，有了规律，投资才不会变成赌博；有了规律，持续的获利才不会变得困难。规律是预测的基石。然而规律的得出首先要分析历史，而分析首先要细腻，所以笔者说分析之道意如柔水。

分析历史，需要像水一样细腻，才能发现规律；顺应趋势，需要像水一样善变，才能改变自己。

分析规律不是改变规律，在股市中我们只能改变自己，善变，既是水之道，也是投资之道。

分析历史，发现规律，顺应趋势，改变自己。李小龙在美国接受电视采访时曾说过这样一段话：一个好的武术家要像水一样，因为水是无形的，它灵活而柔软，不被限制，不受伤害。让你的思想如水一般空灵澄清。将水倒入杯中，它会变成杯子的形状；将水倒入壶中，它就会变成壶的形状，水可静静流淌，亦可猛烈冲击。我的朋友，做像水一样的人吧！

做人如此，武术如此，投资也是如此，水的善变适于万物，这也是为什么老子会称赞水的特性"几于道"。当外界的环境发生改变时，投资者就要善于改变自身，顺应趋势。当行情不好时要如水之淡然，空灵澄清；当行情变化时，要如水之善变，顺应趋势；当行情不明时，要如水之沉静，泰然沉着。

投资之道意如柔水，像水一样细腻分析，像水一样改变自己。

朋友，做一个像水一样的投资者吧！

总以某种固定方式行事，人便能养成习惯。

——亚里士多德

第十二章　天枢模型之规律偏向
——股价偏移规律模型

每个人都有自己的习惯，实际上大多数人的日常行为中有很多是受"习惯"支配的，尤其是那些重复的行为。习惯早晨六点起的人很少会在这个时间赖床。

股价的运行也有自己的"习惯"，那些历史上弱势的股票即使来了行情仍然弱势，历史上强势的股票一旦行情来临就会继续强势，这些个股的"习惯"被我们称之为"股性"。

而在股市中，"习惯"的背后就是规律。

规律偏向模型，顾名思义，即是利用股市中市场运行的规律，通过固定的模型来判断股价在一段时间之内的偏移方向的一种模型。

第一节 规律——股市的"习惯"

生物学家曾做过这样一个实验：将一只跳蚤放到地上，这只跳蚤可以轻松跳到一米多高，之后生物学家将跳蚤放到一个只有半米高的玻璃容器里，这样跳蚤每次跳超过半米就会撞到玻璃上，不久之后，这只跳蚤习惯了每次只跳半米高，此时即使将容器的盖子拿走，这只跳蚤也会每次只跳半米高，终其一生都没有改变，这就是习惯的力量。

或许一只股票在刚刚上市时是难以捉摸的，因为没有过去也就无从了解它的"习惯"，但对于有足够历史走势的股票来说，足够长的时间形成的"习惯"却是几乎不会出现变化的，这也就是为什么道氏理论中认为，历史总会不断重演。

规律是同类现象之间的联系，股市中任何类似现象背后的共性都是规律，所以股市运行的"习惯"就是规律。就像元素周期律揭示了元素的化学性质与原子序数之间的本质联系一样，股市中的规律也揭示了股价运行中出现的同类现象之间的本质联系。

在这里还要说明的一点就是规律的稳定性。马克思主义哲学中认为规律是变动不定的现象中相对稳定的联系，规律的稳定性也表现为它的重复性、普遍性。

在股市中规律的稳定性也会表现为重复性和普遍性，具体来说，规律的重复性就是只要具备了相同的条件，就会重复出现相同的结果，而由于股市中的变化受到多方因素的影响，所以具有的多变性，有些时候规律只表现为相对重复性，也就是说某些情况下即使具备了相同的条件，也不一定会产生相同的结果（有些时候甚至结果会延后出现），在利用规律作出预测的同时，一定要做好止损，这一点是投资者需要格外注意的。

规律的普遍性在股市中也体现在两个方面，第一个是指某些规律普遍适应大多数的个股；第二个是指某些规律普遍适用于同一个股的不同时期。这里需要注意的是，有些规律可能只是某一只个股的"习惯"，即这只个股的"股性"，这一类的规律就符合普遍性的第二方面含义。当然在本书中介绍的都是普遍适用于大多数个股的规律。

对规律的应用可以称之为方法或技巧，对方法和技巧进行总结就可以建立模型。

第二节　规律偏向的判断规则

规律偏向模型的原理是趋势从某一方向运动至极致平衡状态（这一过程往往非常短暂，通常在两三根K线之内完成），当平衡结束之后，股价就会向着之前的方向继续运动，那么投资者只要能够发现股价处于这种极致平衡的状态并明确此前趋势的方向，根据规律我们就可以知道股价在接下来一段时间之内是涨还是跌。

平衡的极致——平盘

想要知道股价运行趋势偏移的方向，首先要找到股价没开始偏移之前的平衡位置，规律偏向模型对股价平衡位置的要求很高，股价在某一区域内横盘震荡的那种平衡状态肯定是不符合条件的，我们需要极致的平衡才能对股价运行的方向做出准确的判断。

众所周知，股价运行中的横盘就是平衡状态的一种体现，但是出现什么样的状态才能被称之为平衡的极致，平衡的极致又该如何判断呢？相信这也是很多读者此刻正在疑惑的问题。

平衡的极致需要通过收盘价来判断，因为股价的涨跌实际是反映股市中供需关系的变化，而收盘价是市场供需关系的真实体现，几乎所有的指标都是用收盘价作为计算依据的。如果连续两个或两个以上交易日的收盘价相等，则称之为平盘，平盘的出现意味着供需平衡达到极致。

平盘的出现也说明市场认同之前的走势，也就是说收盘价相等的两个交易日中，前一个交易日的走势决定股价未来发展的方向。

规律偏向的形态

一般来说，当出现平盘的情况之后，在一段时间内，价格走势将会向着构成平盘的两个交易日中前一个交易日的涨跌方向偏移。

具体来说，当某个交易日的收盘价与前一个交易日的收盘价相同的情况下，如果前一个交易日的价格收高，那么我们可以判断，在之后的一段时间之内，价格将会走高；反之，如果前一个交易日价格收低，那么我们可以判断，在之后的一段时间之内，价格将会走低。

这里必须要注意的一点是，收高和收低与K线的阴阳是有区别的。因为股价收高不代表一定是阳线，有可能是假阴线，而股价收低也不一定是阴线，有可能是假阳线。

考虑到假阳线的情况，那么规律偏向中后市看涨的情况有以下两种：

规律偏向两种看涨形态

出现平盘之后，股价的运行会按照规律向之前的方向偏移

图 12.2.A 规律偏向看涨的两种形态

在图 12.2.A 中我们可以看到规律偏向中看涨的两种形态都要由两

根收盘价相同的K线构成，这两种形态的共性是第一根K线都是上涨的，而第二根K线可能是阳线也可能是阴线。也就是说看涨的要素有两个：

1. 两根K线构成平盘形态；
2. 两根K线中第一根K线是阳线。

同样的道理，考虑到假阴线的情况，规律偏向中看跌的形态也有两种：

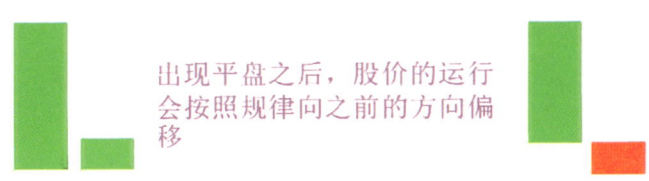

图 12.2.B 规律偏向看跌的两种形态

规律偏向的两种看跌形态同样都是由两根平盘的K线组成，与看涨形态不同的是第一根K线都是阴线。

参照看涨形态，我们可以得出看跌形态的两条共性：

1. 两根K线构成平盘形态；
2. 两根K线中第一根K线是阴线。

但是除了上述四种情况之外，规律偏向中还存在特殊情况，即出现连续多根K线的收盘价相同的情况。如图 12.2.C 所示：

图 12.2.C 规律偏向的特殊形态

规律偏向有时会出现特殊形态，即超过两根连续 K 线的收盘价相同的情况，此时取收盘价相等的连续 K 线中的后两根作为规律偏向的形态来判断后市涨跌情况。

如上图的案例就是连续三根 K 线的收盘价相同的情况，当出现这种情况时，我们应该选取后面两根 K 线（如图中蓝色框线标识）的形态来判断收市的涨跌，因为倒数第二根 K 线是阳线，所以我们可以知道上图中的案例实际上是一个看涨形态（等同于 12.2.A 中右侧的图形）。

第三节　规律偏向的实战案例

下面我们来看一下规律偏向的实战案例，首先来看一下看跌的情况，下面就是一个典型的案例：

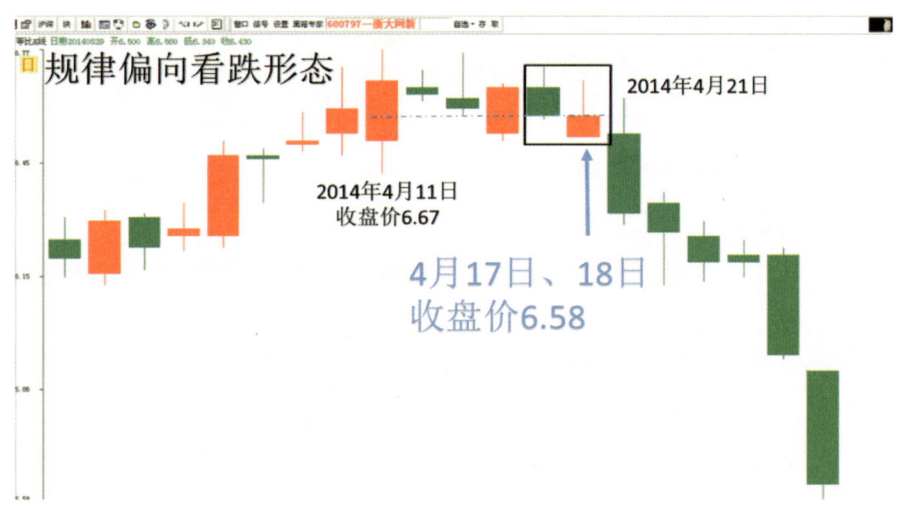

图 12.3.A　浙大网新规律偏向分析

图 12.3.A 是 600797—浙大网新从 2014 年 3 月到 4 月的日 K 线走势图，框线中的两根 K 线收盘价相等（2014 年 4 月 17 日、18 日收盘价 6.58

元），框线中两根 K 线的收盘价（图中蓝色虚线标识）小于四天前（2014年 4 月 11 日）的收盘价 6.67 元，属于高位反转的情况，并且 2014 年 4 月 17 日（框线中的第一根 K 线）是阴线，属于 12.2.B（右）的情况，属于看跌平盘，则可以判断股价接下来可能会下跌。股价实际走势也验证了我们的判断，从 2014 年 4 月 21 日跌至 4 月 28 日，连续六个交易日下跌。

如果 2014 年 4 月 17 日（框线中的第一根 K 线）是一根阳线，属于 12.2.A（左）的情况，看涨形态的一种，则我们可以判断股价后期会上涨。

下面我们来看一个近期的案例，如下图：

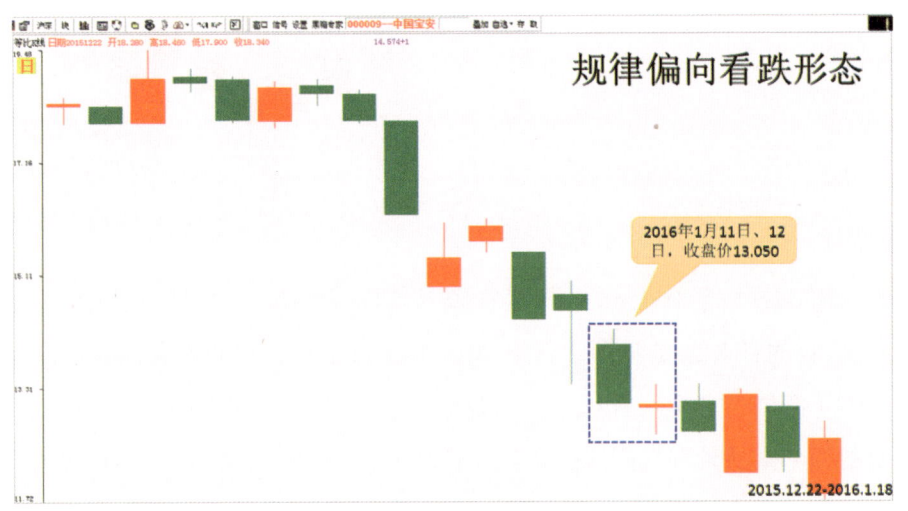

图 12.3.B 中国宝安规律偏向分析

图 12.3.B 是 000009—中国宝安从 2015 年 12 月 22 日到 2016 年 1 月 18 日的日 K 线走势图，图中蓝色框线中的两根 K 线是 2016 年 1 月 11 日和 12 日，这两个交易日的收盘价都是 13.050 元，属于平盘现象，而构成平盘的两根 K 线中的前一根 K 线是一根阴线，后一根 K 线是阳线，与 12.3.A 中的案例形态相同，都属于看跌形态，可以看到平盘之后股

价走势继续下跌。

前文中我们说到，看跌形态其实有两种，下面我们来看另一种看跌的情况：

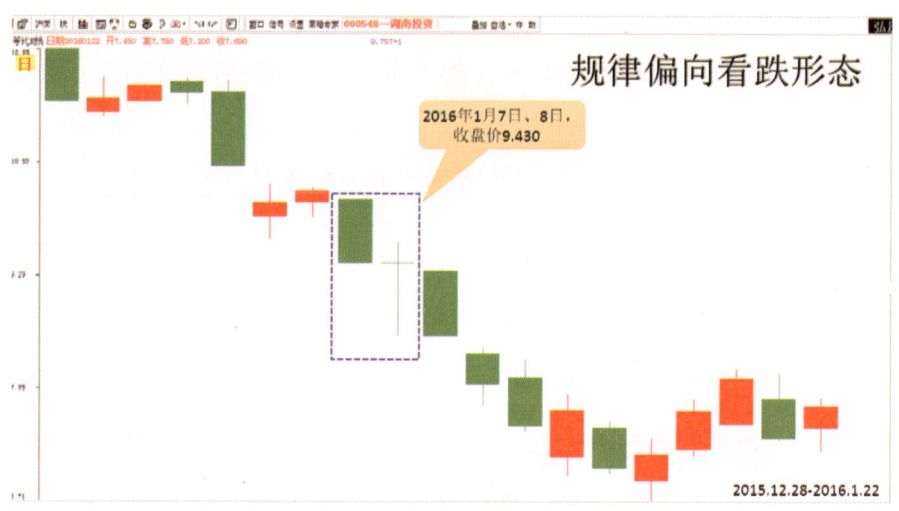

图 12.3.C 湖南投资规律偏向分析

图 12.3.C 是 000548—湖南投资从 2015 年 12 月 28 日到 2016 年 1 月 22 日的日 K 线走势图，其中 2016 年 1 月 7 日、8 日同样出现了平盘现象（图中蓝色框线标识），收盘价相等，都为 9.430 元，并且构成平盘的两个交易日都是阴线，属于图 12.2.B 中左侧的情况，属于看跌形态，则我们可以判断平盘之后股价将会下跌。在实际走势中，7 日、8 日出现平盘之后，股价继续下跌。

看跌的两种形态的判断要点有两条：

第一，出现平盘；

第二，平盘中两根 K 线的第一根是阴线。

下面我们来看看涨的形态，看涨的形态同样有两种，第一种如图 12.3.D 所示：

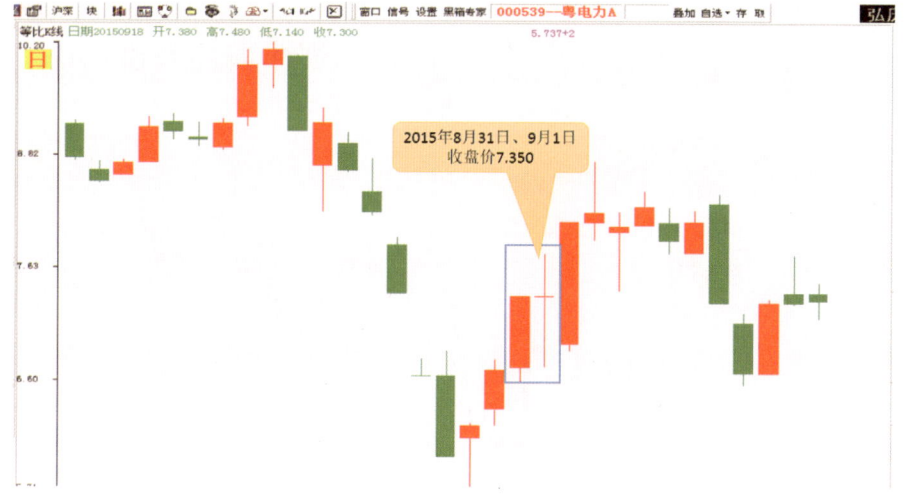

图 12.3.D 粤电力 A 规律偏向分析

图 12.3.D 是 000539——粤电力 A 从 2015 年 8 月至 9 月的日 K 线走势图，图中蓝色框线标识处是 2015 年 8 月 31 日和 9 月 1 日，这两个交易日的收盘价都是 7.350 元，出现了平盘现象，并且这两个交易日都是阳线，属于图 12.2.A 中左侧的情况，是看涨形态的一种，据此我们可以判断出股价后期的上涨走势。从图中我们可以看到，股价后期的走势验证了我们的判断。

平盘现象有时会出现得相当频繁，图 12.3.E 就是这样一个案例：

如图 12.3.E 是 300032——金龙机电从 2013 年 11 月到 2014 年 5 月的日 K 线走势图，我们可以看到，图中出现了两次平盘的情况，分别用蓝色框线 A 和粉色框线 B 标识，框线 B 中的情况属于看涨平盘中的另一种情况，即图 12.2.A 中右侧的情况。可以看到，框线中的两根 K 线分别是 2014 年 4 月 1 日和 4 月 2 日，他们的收盘价均为 6.690 元，出现平盘。并且 4 月 1 日的 K 线是一根阳线而 4 月 2 日是一根阴线，属于看涨平盘，据此我们可以判断出股价之后会上涨。

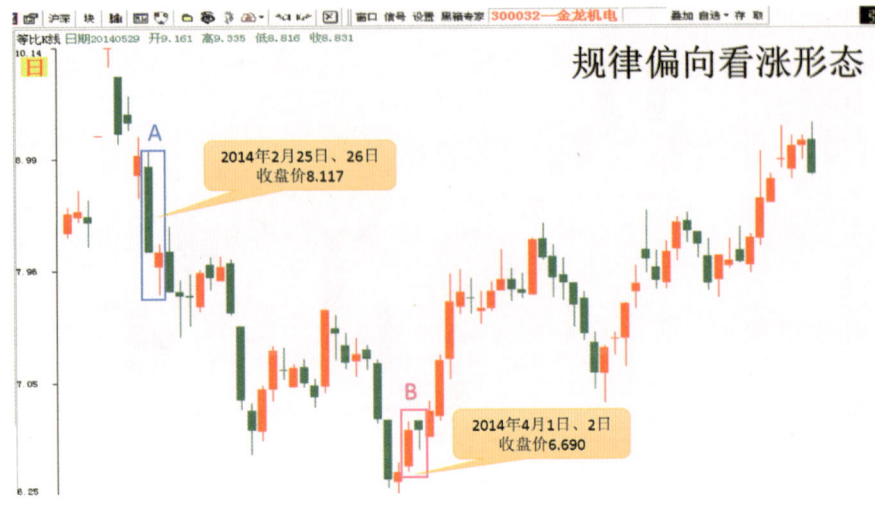

图 12.3.E 金龙机电规律偏向分析

框线 A 中 2014 年 2 月 25 日和 26 日两天的收盘价相同，都是 8.117 元，出现平盘现象。因为构成平盘的第一根 K 线，即 2014 年 2 月 25 日的 K 线是一根阴线，所以这是一个看跌平盘，蓝色框线中是图 12.2.B 中右侧的情况，则我们可以判断股价之后的走势将会下跌，而股价的实际运行情况也证实了我们的判断。

在图 12.2.C 中笔者介绍了规律偏向中的特殊形态，这种情况在实战中也会经常出现，如图 12.3.F 所示：

图 12.3.F 是 000971—蓝鼎控股从 2014 年 1 月到 5 月的日 K 线走势图，图中我们可以看到，2014 年 5 月 6 日、7 日、8 日三个交易日的收盘价相同，都是 6.77 元（框线标识处），这就是一个典型的规律偏向特殊形态。

在构成平盘的三根 K 线中，5 月 6 日是一根阴线，7 日、8 日都是阳线，若是 2014 年 5 月 6 日、7 日（框线内前两根 K 线）的组合则是图 12.2.B 中右侧的情况，属于看跌平盘；而若是将 2014 年 5 月 7 日、8 日（框线内后两根 K 线）组合则是图 12.2.A 中左侧的情况，属于看涨平盘，似乎很难判断出后期的走势。但是笔者在前文中提到，当出现这种超过两根 K 线收盘价相同的情况时，对后市股价走势的判断以框线内后两根 K 线的组合为准，也就是说，图 12.3.F 中的案例应该是以 5 月 7 日、8 日的组合为准，属于看涨平盘。可以看到，股价后期的实际走势也是上涨的。

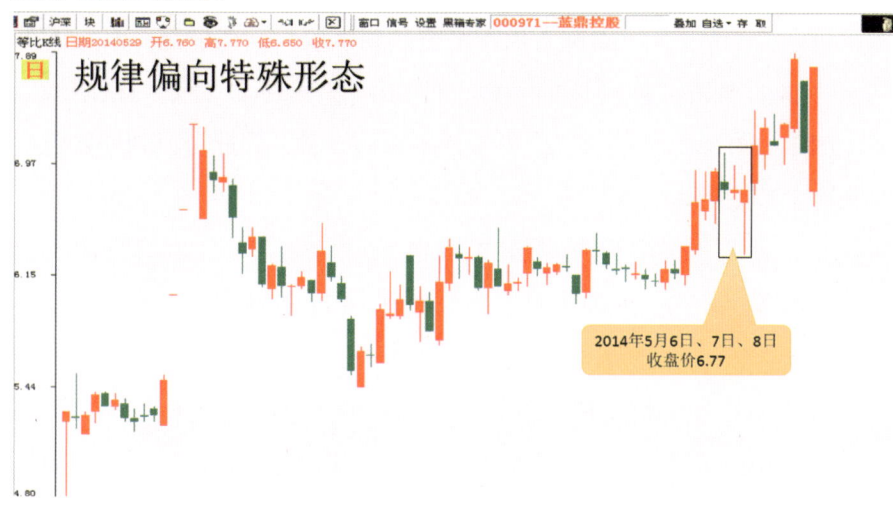

图 12.3.F 蓝鼎控股规律偏向分析

前文中提到过，平盘现象有时会频繁地出现，下面我们来看一个短期内多次出现平盘的案例，如下图所示：

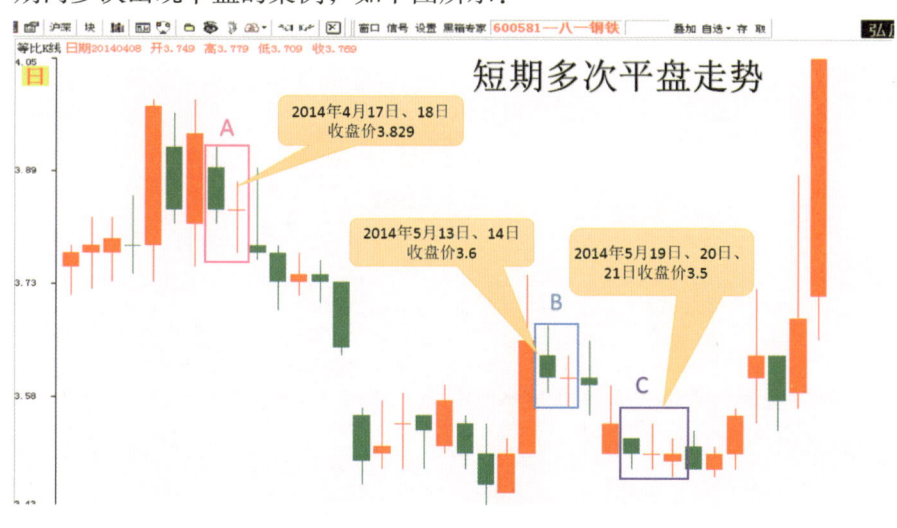

图 12.3.G 八一钢铁规律偏向分析

图 12.3.G 是 600581——八一钢铁从 2014 年 4 月到 5 月的日 K 线走势图，图中出现了三次平盘现象，分别用粉色、蓝色和紫色框线标识出来，标记为框线 A、B、C。

图中 A 处，粉色框线内两根 K 线（2014 年 4 月 17 日、18 日）的收盘价同为 3.829 元，意味着供需平衡达到极致，出现平盘，因为 A 处构成平盘的两根 K 线中的前一根，即 2014 年 4 月 17 日是一根阴线，属于图 12.2.B 中右侧的情况，是看跌平盘的一种，因此可以判断股价接下来的走势看跌。

在 B 处蓝色框线内 2014 年 5 月 13 日、14 日两个交易日的收盘价相等，都是 3.6 元，出现平盘。因为 5 月 13 日是阴线，与粉色框线中情况相同，同样判断接下来的走势可能下跌。

股价在 C 处的形态属于规律偏向的特殊形态，紫色框线中三天的收盘价（2014 年 5 月 19 日、20 日、21 日）都相等，都为 3.5 元。如果只看 5 月 19 日和 20 日（框线中前两根 K 线），第一根 K 线是阴线，属于图 12.2.B 中右侧的情况，判断后市看跌；但是框线中第三根 K 线（5 月 21 日）收盘价与前两天相等，若只看框线中后两根 K 线，则属于图 12.2.A 中左侧的情况，属于看涨形态，以框线中后两根 K 线的组合为准。我们可以看到，在图中 C 处之后股价的走势是上涨的，证实了我们的判断。

小　结

　　排除特殊情况的话，规律偏向共有四种形态，两种看涨两种看跌，看涨和看跌的判断依据是规律偏向形态中前一根 K 线是阴线还是阳线。

　　但除了上述四种情况之外，还有一种特殊情况，即连续多根

K线收盘价相同的情况，当这种情况出现时，我们以最后两根K线的组合判断股价走势。

规律偏向在实战中的使用中有两个难点，一个是如何确定股价完全平衡的位置，即平盘形态，没有平盘形态则无法使用规律偏向的模型，平盘就是规律偏向的前提条件；另一个难点就是规律偏向模型只能预测股价短期走势，即股价在一段时间内的涨跌情况，不能作为判断股价长期走势的依据，更加适用于短线操作，并且在使用时最好设置明确的止损方案。

> 市场就像一只钟摆，永远在短命的乐观（它使股价过高）和不合理的悲观（它使股价过低）之间摆动。
>
> ——《价值投资》

第十三章　天枢模型之极数折变

——市场反转时机的提前判测模型

"极数折变"这个名字很多读者可能不能理解。"极数"是指最大的数，《文心雕龙·书记》中这样写道："算历极数，见路乃明。《九章》积微，故以为术。"这里的"极数"就是指最大的数，最大的数是几呢？古人认为"九为数之极"，所以"极数"是九。

"折变"是指股价运行趋势的转折和变化，所以极数折变的意思就是：当股价趋势运行到"极数"时，就会发生转折和变化。

极数折变的核心就是利用物极必反的理念，提前判断市场反转的时机。当市场的钟摆到达极限，即将发生转变时，抓住机会果断买进或卖出，从而成为市场的先行者，获取投资收益。

第一节 股市中的物极必反理念

股市中有一句老话：行情总在绝望中产生，猜疑中成长，欢乐中死亡。这句话说的就是股市中物极必反的现象。我们都知道价格是围绕价值上下波动的，如果价格偏离价值太远就会发生回归，这就是物极必反发生的原因。当市场中的投资者情绪普遍绝望时，股票的价格低于价值过多，跌到极致，就会反过来开始上涨；而当市场一片欢乐时，往往意味着股票的价格高于价值过多，涨到极致就会开始下跌。所以股市中有"涨出来的风险，跌出来的机会"这样的说法。

在我国，物极必反的理论更是源远流长，《周易·系辞上》中说：一阴一阳之谓道，继之者善也，成之者性也。中国古代道家认为事物都具有阴阳两个方面，它们是事物内在的两种力量，相反相成，相互推移，不可偏废，这是构成事物的本性及其运动的法则。道家阴阳学说也讲究物极必反，阴极而阳，阳极而阴，阴阳之间变换不休。事物发展到极致就会发生变化，无论是在自然规律还是人事变化中都会表现出此道。

在股市中，多方与空方的力量变化也是如此。多空之中某一方占据绝对优势的时候，往往就意味着趋势将会反转。体现在长期走势上就是股市总是牛熊轮转，涨几年跌几年；体现在短期走势上就是波动，再牛的牛市也有调整，再熊的熊市也有反弹。至于横盘也不是平的，只是股价在某一区间之内波动，这就是股市中经典的物极必反理念。

精彩只在转折

多空双方的力量变化是推动股价发展的内在动力，我们既然知道了股市中存在着物极必反的规律，就要利用这条规律对趋势的变化做出预测，以便在趋势变化之前或者趋势变化之初做出行动。

然而在市场中，每一个投资者都知道趋势是一定会反转的，但是什么时候反转就成了问题。很多投资者之所以亏损或者不能够获利，就是因为不能够判断趋势反转的时机。徐志摩在他的诗中写到"最是那一低头的温柔"，而投资者在股市中追求的却是"那一转折的精彩"。

趋势中最难以预测的就是那最精彩的转折，这其中的难点就是尺度的把握。就像乖离率指标一样，大多数投资者都知道乖离过大股价会发生回归，但是乖离率多大时乖离过大？没有人说得清楚，所以乖离率这个指标有人用得好，有些投资者却一直用不好。做人做事做股票都要讲究尺度的把握，抄底时抄得早了难免被套，抄得晚了，成本提高了，哪还有利润可言？逃顶也是一样，早了可惜，晚了被套，得失之间尽在尺度的把握。对于尺度的把握，笔者推崇洪应明《菜根谭》中的观点——花看半开。

赏花是在含苞待放，将开未开时最美，此时是一种极高妙的境界，做人做事都是如此。反之，如果花开到败，就难免大煞风景，让人败兴而归，就好像喝酒，如果喝到酩酊大醉就会惹人厌烦。股票也是如此，抄底只在股价上涨的初期，或者下跌的末期，股价将涨未涨之时；逃顶只在上涨的末期，股价将跌未跌之时，才能获利最多。这其中考量的就是投资者对于尺度的把握。

水满则溢，花开则谢。这些规律是自然界中恒久不变的真理，实际上也是股市中的盈亏之道，当上涨到一半时，资金流入，多方利好，一切皆是生机向上的状态，此时持股是最安全的，但是当上涨达到相对高位时，千万不要被充斥在市场中的乐观情绪所蒙蔽而影响判断，此时正是应该如履薄冰的时候，否则等到泰极否来，物极必反，就好像喝酒喝到烂醉如泥，畅饮也变成了受罪，获利也变成了套牢，市场上总是上演这种使后人复哀后人的悲剧。

但是尺度的把握终究不易，没有足够的经验，没有一个标尺，谁知道什么时候股价会"极"会"反"？就像不给你任何工具，让你仅凭肉眼从一根绳子上截取正好10公分长的一截一样难。在股市中做出判断，只有一次机会，并且还是限时的，犹豫太久就会错失良机。

所以就有了极数折变这套方法，这套方法将股市中物极必反的理念融入固定的模型之中，用一种标准的形态来帮助投资者把握尺度，解决了股市中"何时反"的问题。投资者只要找到走势中符合模型的部分，就能够轻松判断转折，下文中讲述模型形态时笔者会做详细的阐述。

第二节　极数折变的三种形态

前文中提到股市中物极必反的理论，理论很简单，但是在实战中最难的就是尺度的把握，趋势何时会反转？趋势在"极"的时候就会反了？趋势什么时候"极"？前文中笔者也说到了，极数是九。

市场反转时不是只有一种情况，所以极数折变的模型也不会只有一种形态，为了解决趋势何时反转的问题，极数折变模型共有三种形态来应对市场中的反转。

数九寒天

数九寒天，是极数折变的第一种形态，专门用来判断股价何时到顶。股价的运行就像是传统节气中的"数九"一样，符合条件的情况连续出现9次，就是"寒天"——见顶了。

具体的判断标准是：当股价的4日均线连续9天上涨之后开始下降，则往往预示着头部的到来。

数九寒天的形态判断有两个要点：一是4日均线，二是连续上涨。从均线起涨点的下一根K线开始计数，只要4日均线持续上涨，就继续计数，当计数达到"极数"，也就是9的时候，若4日均线开始拐头，则股价也会在这里发生转折。如图13.2.A所示：

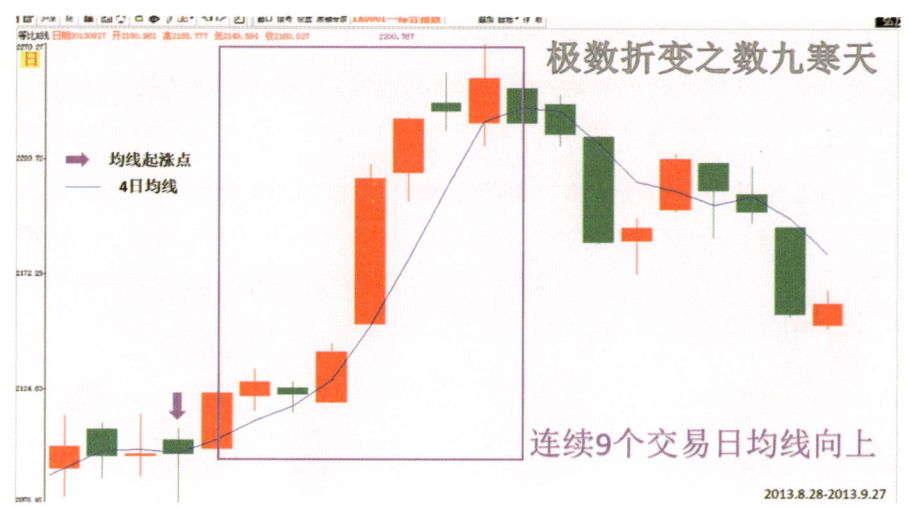

图 13.2.A 数九寒天示意图

  图 13.2.A 是 1A0001——上证指数从 2013 年 8 月 28 日到 2013 年 9 月 27 日的日 K 线走势图，图中蓝色的线条就是 4 日均线。均线在 2013 年 9 月 2 日（图中粉色箭头标识处）起涨，同时指数也处于上涨趋势，从均线起涨点的下一根 K 线也就是 2013 年 9 月 3 日这根阳线开始，将从 9 月 3 日到 13 日之间的 9 个交易日用粉色框线标记出来，我们可以看到当 9 月 13 日均线开始下跌时股价也开始下跌。4 日均线连续上涨 9 天之后开始下跌，预示着股价见顶，这是标准的数九寒天形态。

  由于采用 4 日均线连续 9 天上涨作为见顶的判断标准，所以数九寒天形态也可被简单地称为"四九顶"。这种形态既适用于大盘，也适用于个股，最适合在日线上使用。

否极泰来

  极数折变的第二种形态是"否极泰来"，顾名思义就是指股价跌到一定程度之后开始反转的情况。

  与数九寒天的情况相反，否极泰来的形态判断标准是：当股价的 4 日均线连续 9 天下跌之后开始上涨，则往往预示着底部的到来。

否极泰来的形态判断要点与数九寒天相似，同样是 4 日均线，但是连续下跌。从均线起跌点后一根线开始计数，只要 4 日均线持续下跌，就继续计数，当计数达到 9 的时候，若 4 日均线开始拐头，则股价也会在这里发生转折，否极泰来，开始上涨。如图 13.2.B 所示：

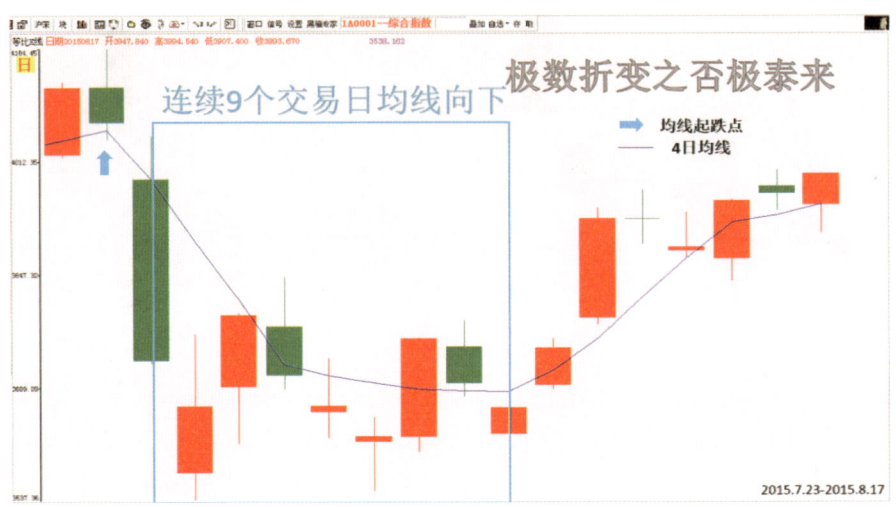

图 13.2.B 否极泰来示意图

图 13.2.B 是 1A0001—上证指数从 2015 年 7 月 23 日到 2015 年 8 月 17 日的日 K 线走势图，图中蓝色的线条就是 4 日均线。均线从 2015 年 7 月 24 日（图中蓝色箭头标识处）起跌，连续下跌 9 个交易日之后开始转折，在这 9 个交易日内指数走势先下跌后震荡，将起跌点之后的 9 个交易日（从 2015 年 7 月 27 日到 8 月 6 日）用蓝色框线标记出来，可以看到，当图中蓝色均线开始转折时（2015 年 8 月 6 日），指数走势也开始上涨。

否极泰来模型也可被称为"四九底"，在大盘和个股均适用，最宜应用在日线上。

浪子回头

4 日均线里连续上涨 9 个交易日出现转折是数九寒天形态，连续下降 9 个交易日出现转折是否极泰来形态。但是若股价上涨强势，均线连续上涨 9 个交易日之后没有转折，而是继续上涨的情况该如何应对呢？这时就需要用到极数折变的第三种形态——浪子回头了。

浪子回头共有两种形态。

当均线上涨时：若 4 日均线连续上涨 9 个交易日之后继续上涨，则均线一旦出现拐头往往预示着顶部的到来。

当均线下跌时：若 4 日均线连续下降 9 个交易日之后继续下降，则均线一旦出现拐头往往预示着底部的到来。

因为在这种形态中股价一旦回头则预示着将要出现转折，所以这种形态叫做浪子回头。生活中，我们常说：浪子回头金不换。股市中却是：浪子回头来淘金。

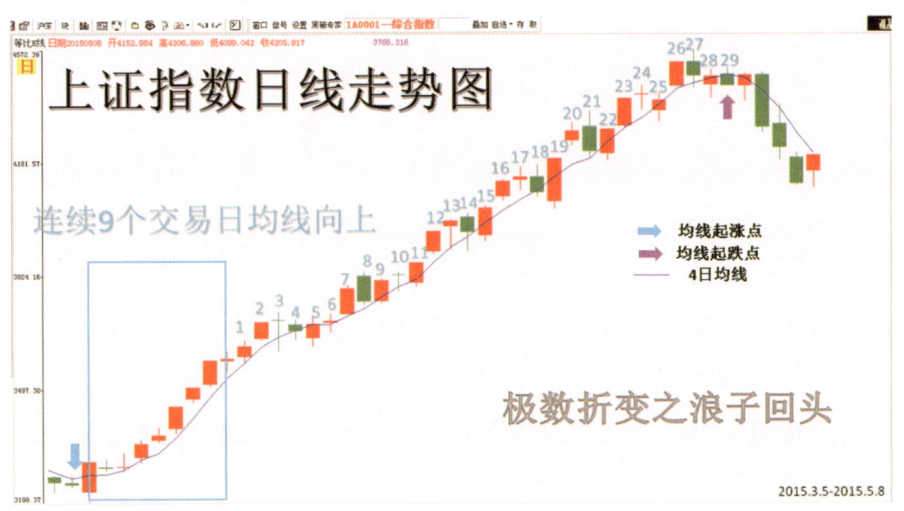

图 13.2.C 浪子回头示意图

图 13.2.C 是 1A0001—上证指数从 2015 年 3 月 5 日到 2015 年 5 月 8 日的日 K 线走势图，图中蓝色的线条就是 4 日均线。均线从 3 月 6 日（蓝色箭头处）开始起涨，9 个交易日后（图中蓝色框线标识走势之后）即 3 月 19 日均线仍然继续在上涨，根据浪子回头的形态特点，在均线拐头之前指数都不是见顶，若我们在前期买入的话现在就应该持股。可以

看到均线一共连续上涨了 38 个交易日，在此期间指数涨幅达 36.75%，当均线出现拐头（4 月 30 日）之后指数开始大幅下跌，趋势见顶，此时卖出获利丰厚。

这就是浪子回头的第一种形态，见顶回头。第二种形态见底回头的情况如下图所示：

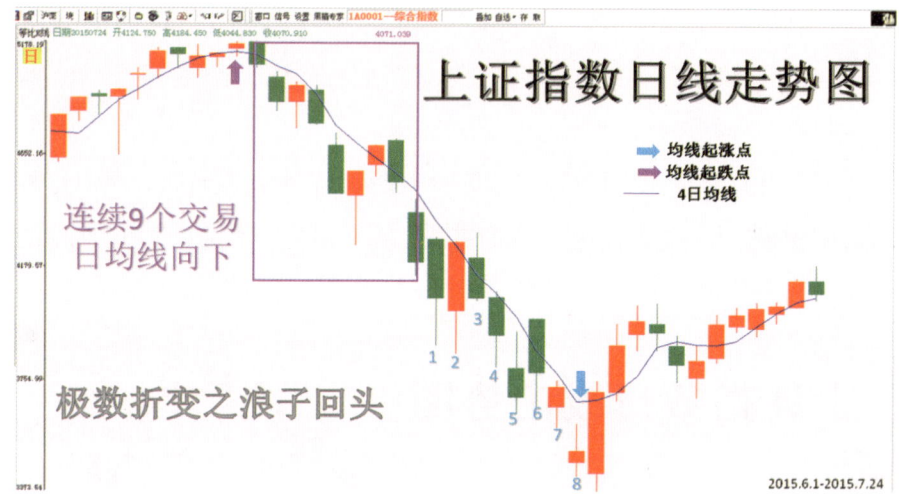

图 13.2.D 见底回头示意图

图 13.2.D 是 1A0001—上证指数从 2015 年 6 月 1 日到 2015 年 7 月 24 日的日 K 线走势图，图中蓝色的线条就是 4 日均线。4 日均线在 2015 年 6 月 12 日（图中粉色箭头标识处）起跌，连续下跌到 6 月 26 日出现第 9 个交易日之后均线继续下跌，根据浪子回头的形态特点，在均线拐头之前指数都不是见底。图中我们可以看到，直到起跌点之后 17 个交易日 4 日均线出现拐头，股价见底开始上涨，此时正是抄底的良机。这就是浪子回头中见底回头的情况。

在实际操作中，浪子回头形态是出现得最多的，也是获利程度最多的形态，尤其是见顶回头的情况，非常有助于坚定投资者持股的信心，但是在实际使用时仍然有一些需要注意的地方，下文中笔者将结合个股案例详细讲述。

第三节 极数折变的实战案例

前文中笔者列举的都是大盘中的案例，实际上极数折变不止适用于大盘，在个股中同样适用，如图 13.3.A 所示：

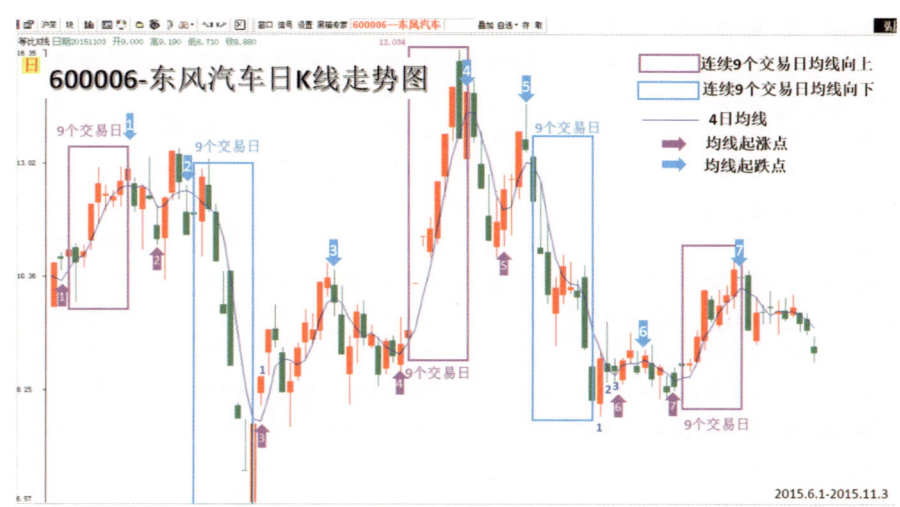

图 13.3.A 东风汽车日线走势图

图 13.3.A 是 600006—东风汽车从 2015 年 6 月到 2015 年 11 月的日 K 线走势图。图中蓝色线代表 4 日均线。在图中的走势中，4 日均线呈现多次连续的上涨和下跌，笔者用蓝色和粉色箭头标记图中重要的均线起涨点或者起跌点，并用蓝色和粉色框线标记股价从均线起涨点或起跌点下一根 K 线起 9 个交易日的走势（不到 9 个交易日均线就发生转折的情况未标记），超出 9 个交易日之后均线还未转头的情况下用深蓝色数字标记超出的 K 线。

走势从 6 月 2 日开始出现第一个起涨点（粉色箭头 1），之后均线开始出现连续的上涨，选取起涨点后第一根 K 线开始计数，用图中左侧第一个粉色框线标记9个交易日的走势,9个交易日后均线发生转折,同时股价见顶,这是极数折变模型中一个标准的数九寒天形态。

我们在均线起涨点之后第一根K线处买入,根据数九寒天形态的性质,在第9根K线时卖出,涨幅达19.26%。当然这是理想状态,在实际操作中我们不可能在9个交易日中第一个交易日的最低点买,在9个交易日中最后一个交易日的最高点卖。但是如果你严格按照极数折变的模型操作,即使最坏的情况,我们在9个交易日中第一个交易日的高点买,在9个交易日中最后一个交易日的低点卖,获利依然不菲。

> 嘿,看这里!
>
> 需要注意的是,在计数时,要选择均线起涨点或者起跌点的下一根K线开始计数,在实际使用时很多投资者都容易在这里数错。

当均线开始下跌时,出现了第一个起跌点(蓝色箭头1),取其后第一根K线开始计数,计数到5时均线出现转折。这种情况下股价的走势没有符合极数折变模型的形态,我们无法用极数折变模型做出判断。极数折变模型对于4日均线连续上涨或者下跌没有达到9个交易日就出现反转的情况无能为力,这就是极数折变模型的局限性,因而对于那些股价在小幅度内波动频繁的股票不适用。

在实际操作中,如果你在起涨点买入之后发现均线提前拐头就要果断卖出,及时止损。

同样的道理,图中左侧第二个起涨点之后的一段走势(左侧第一个粉色框线与第一个蓝色框线之间的走势)也不符合模型的形态,直到出现第二个起跌点时,均线开始了长时间的连续下跌,我们仍然选取起跌点之后的一根K线开始记数,用蓝色框线(左侧第一个蓝色框线)标识9个交易日之后,股价见底,但均线仍然在下跌,第10个交易日均线才开始拐头,我们将多出的这一根K线标记为深蓝色数字1。股价见底之时我们就可以尝试抄底了,但注意首先一定要确认均线拐头才能够抄底,并且千万不要满仓抄底,一定要注意仓位的控制。

可以看到，这是一个浪子回头形态中见底回头的情况。实际上，这种股价在均线起跌点之后第 9 根 K 线的位置见顶或者见底，而均线在第 10 根 K 线的位置发生转折的情况是比较常见的，这也是浪子回头形态出现的次数比另外两种形态多的原因之一。

从第三个起涨点之后的一根 K 线开始计数，第 4 个交易日的时候均线开始拐头，不符合极数折变模型形态，应果断止损卖出。

第三个起跌点出现在 7 月 24 日，从这一天开始股价的 4 日均线开始出现连续的下跌，选取这根 K 线后第一根 K 线开始计数，5 个交易日之后均线发生转折，不符合否极泰来形态的要求。

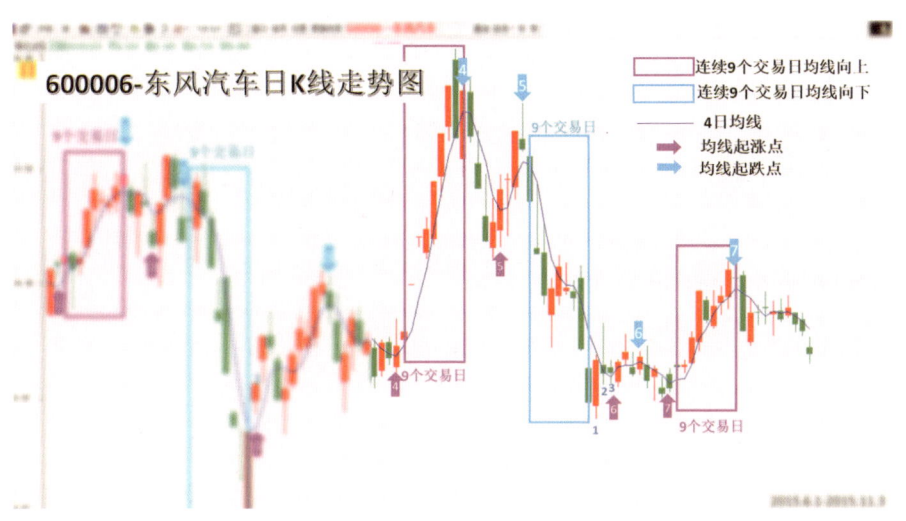

图 13.3.A（2） 东风汽车日线走势图

当股价出现从第 4 个均线起涨点之后，开始计数，用粉色框线（图中左起第二个粉色框线）标记 9 个交易日后，均线最终在 8 月 19 日与股价一同见顶，形成一个标准的数九寒天形态。

起跌点 4 到起涨点 5 和起涨点 5 到起跌点 5 之间这两段走势都没有形成符合极数折变的形态。起跌点 5 之后均线开始了长时间的下跌，与之相对应的是股价也处在震荡下跌的走势中，我们从起跌点 5 之后一根

K线开始计数，用蓝色框线标记9个交易日的走势。

9个交易日后均线没有拐头继续下跌，而股价则开始进入横盘，从第10个交易日开始计数，直到计数3，均线开始拐头，出现起涨点6。而此时股价也处在底部开始上涨。

之后起涨点6到起跌点6，起跌点6到起涨点7这两段走势都不符合任何一种极数折变的形态。起涨点7到起跌点7之间则形成了一个标准的数九寒天模型。

通过上面的例子，我们可以看到，在实际使用时极数折变模型无论是出现的频率还是准确度都十分可靠，并且相对容易掌握，解决了实际操作中股价的高低点难以把握的问题。

但需要注意的是，就像人无完人一样，世界上任何东西都不可能是完美无缺的，极数折变模型也有其局限性，首先极数折变模型对于4日均线连续上涨或者下跌没有达到9个交易日就出现反转的情况无能为力，因而对于那些股价在小幅度内波动频繁的股票不适用。同样在把握高低点时也可能会出现1天左右的误差。但是瑕不掩瑜，只要掌握了极数折变模型的几种形态并且能够灵活的运用，相信你一定能够获得丰厚的回报。

小 结

天枢模型的精髓就是将理念融入模型，解决投资者的投资理念与市场不合的问题，用固定的模型来达到在股市中获利的目的。极数折变充分展现了天枢模型的精髓，其魅力在于用固定的模型来解决股市中最难以把握的尺度问题。最终使投资者能够做到像笔者在前文中说的那样"按图索骥，轻松获利"。

从短期看，市场是一个投票箱，从长期看，市场是一个天平。

——本杰明·格雷厄姆

第十四章　天枢模型之平衡预期

——股价平衡转折点的价格预测模型

众所周知，市场的运行规律总是从一个平衡到另一个平衡，当旧的平衡被打破的那一刻，就是股价发生转折的时刻。平衡预期，简而言之就是通过分析股市中平衡的形态，来预期股价的平衡什么时候被打破，从而预测股价的转折点，以达到先知先觉获取利润的目的。

所以平衡预期最主要的作用是预测高低点。

第一节　市场中的平衡与转折

平衡预期的模型来源于股市中的多空平衡理念，即股价移动的规律总是在持续整理，在保持平衡——打破平衡——达成新的平衡——再次打破平衡——寻找新的平衡……这样的循环中周而复始。

投资者总是希望能够低买高卖以获取高低点之间的利润，所以把握股价的高低点就非常重要。前文中提到，当原有平衡被打破的时候就是股价高低点产生的时候。好的投资者都是在股价原来的平衡将要被打破的时候就能够预期变化，进而采取行动获得收益。等到新的平衡已经形成，这时再采取行动只能获得蝇头小利甚至出现亏损。

理念很简单，实战中的难点在于如何判断原有的平衡何时将会被打破。

美国投资大师拉瑞·威廉姆斯（larry williams）在他的著作《短线交易秘诀》（long-term secrets to short-term trading）中如是写道："投机和眼镜这两个词一样，都来自拉丁语 specular，意思是观察。"

> 嘿，看这里！
> 英语中投机一词的拼写为 specular，而眼镜的拼写为 spectacle，都是由拉丁语观察 specular 演变而来。

可见在市场中"观察"的重要性。投机的含义是利用时机谋取利润（百度释义：投机指利用市场出现的价差进行买卖从中获得利润的交易行为），只有细心的观察才能发现机会，但观察并不是一件简单的事情，市场中每一件事情都是偶然的，想要在众多的偶然之中发现必然的联系，需要大量的市场数据和归纳总结，只有通过大量的数据统计才能够发现一个可靠的规律，平衡预期模型的建立也是由此而来。

经过多年的研究和统计，我们发现市场的运行从一个平衡向另一个平衡移动，而每一个平衡总有一个长度和特征。也就是说，市场每一次平衡被打破之前股价的走势都会出现相似的形态。

即市场总是运行三周左右就会出现趋势的转折期，而每当打破两周内的低点就会加速出现底部，也就是说当某日的收盘价突破或跌破10日内的最高或最低价时，趋势的转折就会增强，而这种增强往往发生在其后的两天。

第二节 平衡预期的形态公式

平衡预期即是通过平衡被打破时股价的固定形态来判断趋势转折的一种模型。平衡预期的形态比较复杂，即使是标准形态也需要由13根K线组成。所以笔者将平衡预期的形态总结成计算公式，便于大家理解。平衡预期的形态计算公式分为宽松公式和严格公式两种，每个公式分为3部分，实际上也是投资者确定其形态的3个步骤。

从实用性的角度讲，相比于严格公式，宽松公式的实用性稍强一些。所以我们首先来看宽松公式。

宽松公式

平衡被打破之后股价可以向上运行也可以向下运行，向上运行产生的就是低点，向下运行产生的就是高点，所以平衡预期的宽松公式也分为两种，一种是预期低点的宽松公式，一种是预期高点的宽松公式。

1. 预期低点

我们首先来看预期低点的宽松公式，如图14.2.A所示：

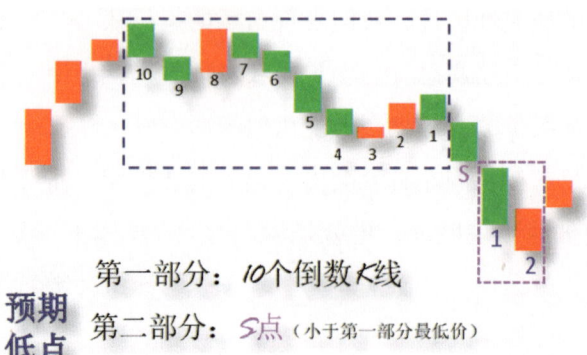

图 14.2.A 预期低点宽松公式

前文中笔者提到平衡预期的形态公式分为 3 个部分,这 3 个部分同时也是投资者确定平衡预期形态的 3 个步骤。

预期低点的宽松公式 3 个部分如下:

A. 平衡点 S 之前 10 个交易日,且平衡点 S 收盘价低于前 10 日内的最低价;

B. 平衡点 S,确定平衡预期形态最重要的点;

C. 平衡点 S 之后 2 个交易日,且这 2 个交易日收盘价小于平衡点 S 的最低价。

在图 14.2.A 里面,我们首先需要找到一个平衡点,前文中已经提到,大部分的股票或指数运行 3 周以后,趋势往往就会结束。但是有些股票运行 3 周后趋势结束了,有些运行 3 周后趋势却并不结束。为什么有的股票运行 3 周后趋势就会结束?通过观察我们可以发现,如果在第 3 周的时候,股价跌破了前面 2 周内的所有低点,这时候一般会出现趋势转折,形成低点。所以在上图中的 S 点被称之为市场中底部到来之前的平衡点。

S 点的特点是它的股价跌破了前面 2 周之内的所有低点,它的收盘价小于前面 10 天里的所有低价。当平衡点 S 出现之后,如果 S 点之后

2个交易日的收盘价都比平衡点 S 的最低价还要低，那么我们可以预期市场将会在这里出现低点。

2. 预期高点

与预期低点相同，预期高点的宽松公式也分为 3 个部分：

A. 平衡点 S 之前 10 个交易日，且平衡点 S 收盘价高于前 10 日内的最高价；

B. 平衡点 S，确定平衡预期形态最重要的点；

C. 平衡点 S 之后 2 个交易日，且这 2 个交易日收盘价大于平衡点 S 的最高价。

形态表现如图 14.2.B 所示：

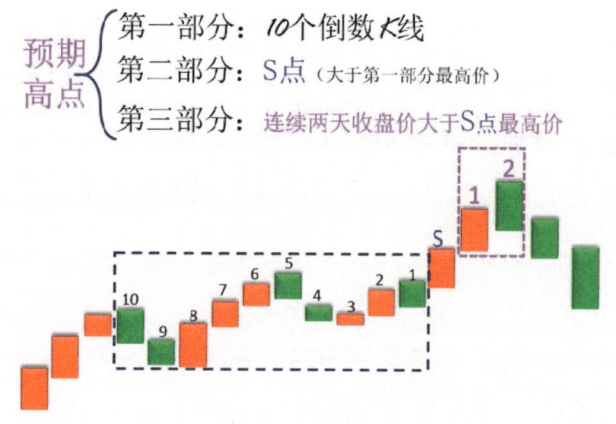

图 14.2.B 预期高点宽松公式

可以看到，在图 14.2.B 中几乎所有内容都是与图 14.2.A 中内容相对应的，同样，第一步需要找到平衡点 S，其原理同样是大部分的股票或指数运行 3 周以后，如果在第 3 周的时候，股价突破了前面 2 周内的所有高点，就会出现趋势转折，形成高点。所以在上图中的 S 点称之为市场中顶部到来之前的平衡点。

平衡点 S 的股价突破了前面 2 周之内（10 个交易日）的所有高点，它的收盘价大于前面 10 个交易日的所有高价。当平衡点 S 出现之后，如果 S 点之后 2 个交易日的收盘价都比平衡点 S 的最高价还要高,那么我们可以预期市场将会在这里出现高点。

严格公式

严格公式要比宽松公式复杂一些,相应地,在使用时准确度也要稍好于宽松公式。但是在实际应用中笔者发现两者的应用效果差不多,没有太大的区别,所以笔者推荐大家使用宽松公式即可。

1. 预期低点

同样先来看预期低点的严格公式,预期低点的严格公式分成的 3 部分为:

A. 平衡点 S 之前 10 个交易日,且平衡点 S 收盘价低于前 10 日内的最低价;

B. 平衡点 S,确定平衡预期形态最重要的点;

C. 平衡点 S 之后 2 个交易日,连续 2 个交易日收低且收盘价小于平衡点 S 的最低价。

如图 14.2.C 所示:

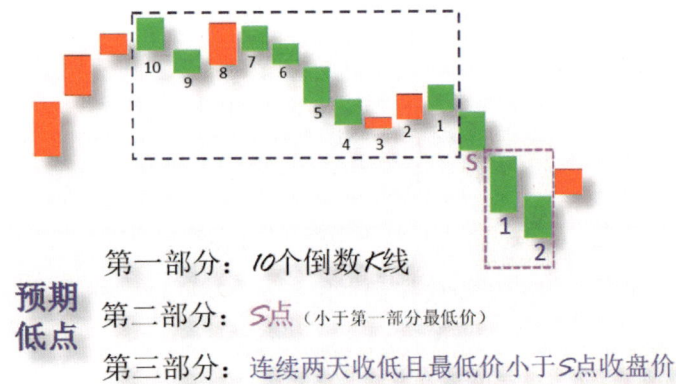

图 14.2.C 预期低点严格公式

严格公式和宽松公式的区别是只有一个条件不一样。同样需要倒数

10 根 K 线，平衡点 S 的确定也没有变化，但是平衡点 S 之后的这 2 个交易日的条件变了，严格公式要求这 2 根 K 线都是阴线，并且 K 线的最低价都要比 S 点的收盘价低。如此才能够预期低点的到来，这样的形态准确度比宽松公式要高。

2. 预期高点

我们再来看预期高点的严格公式，如图 14.2.D 所示：

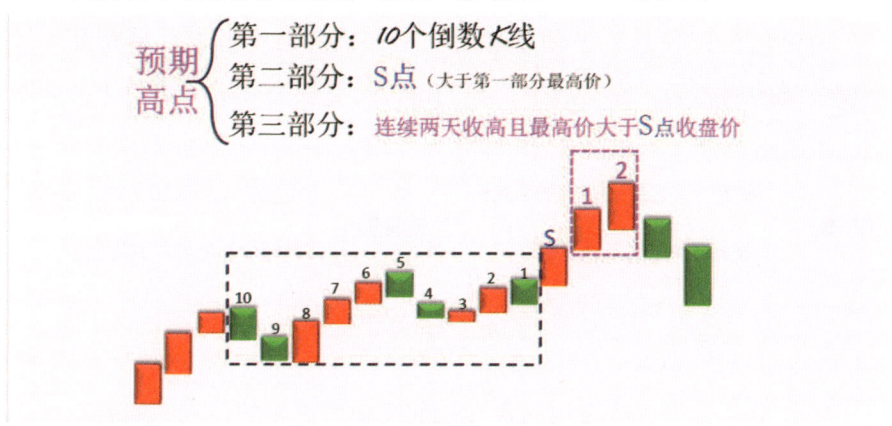

图 14.2.D 预期高点严格公式

预期高点的公式也分为 3 个部分：

A. 平衡点 S 之前 10 个交易日，且平衡点 S 收盘价高于前 10 日内的最高价；

B. 平衡点 S，确定平衡预期形态最重要的点；

C. 平衡点 S 之后 2 个交易日，连续 2 个交易日收高且收盘价大于平衡点 S 的最高价。

> 嘿，看这里！
> 严格公式虽然能够提高准确率，但会降低平衡预期模型出现的次数，所以在实际操作中笔者建议使用宽松公式即可。

同样，预期高点的严格公式也是在宽松公式的基础上要求平衡点 S 之后的 2 个交易日必须收高才能预期高点。

第三节 平衡预期的实战案例

平衡预期在实战中的应用，本节中笔者同样从宽松公式开始写起，在进入第一个实战案例之前，我们首先把公式简化一下。

复杂的公式只是为了便于理解，从记忆的角度考虑，当充分理解宽松公式的内容后，在实战中，我们可以将宽松公式进一步简化，如图14.3.A 所示：

预期高点 { S收盘价 > 之前10日内的最高价
         { S最高价 < 之后2日收盘价

预期低点 { S收盘价 < 之前10日内的最低价
         { S最低价 > 之后2日收盘价

图 14.3.A 宽松公式简化版示意图

实际上简化公式所表达的含义与前文中所提到的公式中所表达的含义是相同的，都是股价在 S 点创出 10 个交易日内的新高之后，连续 2 个交易日的收盘价都大于 S 点的最高价，则预期股价发生转折，出现高点；反之，则出现低点。

宽松公式实战案例

简化后的公式更加便于记忆，宽松公式的实战应用案例如下：

图 14.3.B 是 002232—启明信息的日 K 线走势图，我们首先看图中左侧的粉色平衡点 S。在实战应用中，平衡点的选择是平衡预期模型的一大难点，在本例中，笔者之所以选择这根 K 线作为平衡点 S，原因在于它是股票从底部上涨以来第一个收盘价高于前面 10 天所有高价的 K 线。找到平衡点 S 之后，我们以粉色框线标记粉色平衡点 S 前 10 个交易日的走势，分别以数字 10 到 1 标记。

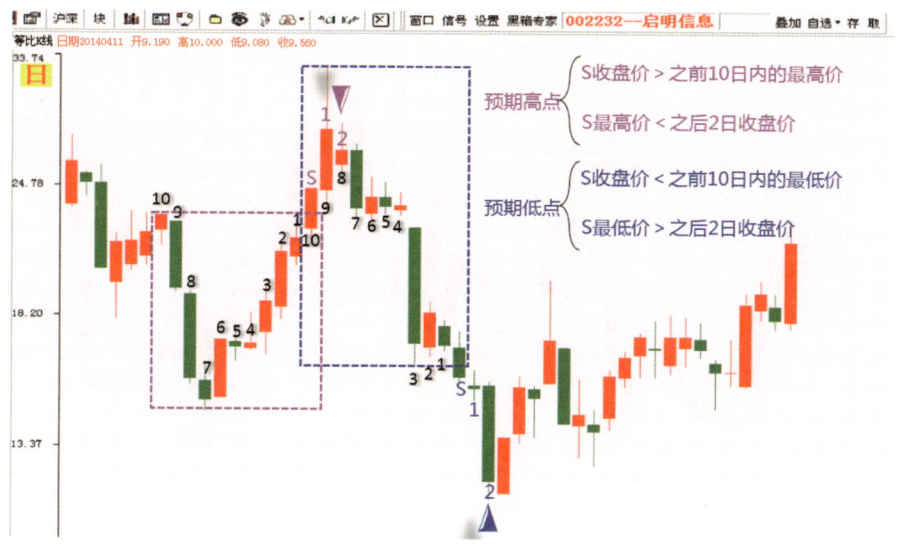

图 14.3.B 启明信息平衡预期宽松公式

平衡点 S 之前的走势完全符合宽松公式的要求，继续往下看，S 点之后 2 个交易日的收盘价均要高于 S 点的最高价，完全符合宽松公式的所有要求。那么我们可以判断此处即是头部来临的区域。图中我们可以看到，平衡点 S 后第 2 个交易日（图中粉色三角形标记）之后股价开始大幅下跌。

同理，右侧的蓝色平衡点 S 的判定理由在于它是股价从高位下跌以来，第一根收盘价跌破 10 个交易日内最低价的 K 线。平衡点 S 出现之后的 2 个交易日内的收盘价比 S 点的最低价还要低，符合宽松公式的要求，可以判断此处即是底部。图中我们可以看到，在平衡点 S 之后第 2 个交易日（图中蓝色三角标记）以后市场一路上涨。

平衡预期模型不止适用于个股，在大盘上也有很高的实用价值，如图 14.3.C 所示：

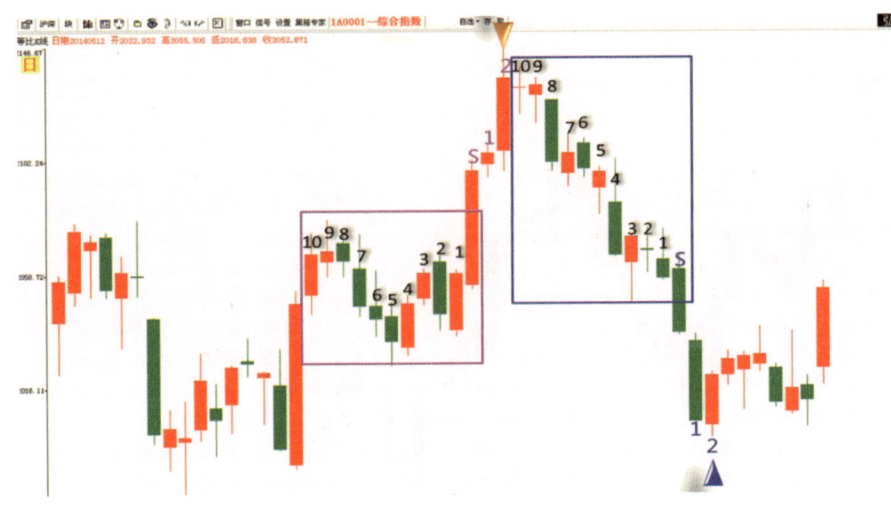

图 14.3.C 大盘平衡预期宽松公式

如图 14.3.C 是 1A0001——上证指数的日 K 线走势图，这是大盘 2014 年的走势，同样首先确定平衡点 S，图中左侧粉红色平衡点 S 的收盘点位比之前 10 个交易日的最高点要高，则平衡点 S 确认，平衡点之后两个交易日的收盘点位比 S 点的最高点都要高，则可判断此处即是头部来临，而大盘的实际走势也验证了我们的判断。

右侧蓝色 S 点跌破了前面 10 个交易日的最低点，确认为平衡点，S 点之后连续 2 个交易日的收盘点位比 S 点的最低点还要低，符合平衡预期宽松公式，则可判断底部来临。

看到这里，也许有些读者会疑惑，我为什么不选择左侧粉色框线中标记 10 的这根阳线作为平衡点？左侧标记 10 的这根阳线的收盘点位比前面 10 天的最高点都要高，符合作为平衡点 S 的条件，但是这个点之后 2 个交易日内的收盘点位并不比这根阳线的最高点高，不符合宽松公式的要求，所以不选择这根 K 线作为平衡点，在实际使用中这一点尤其重要。

一定要选择完全符合公式条件的走势才能判断股价的反转，只符合部分条件就盲目做出决策很可能造成不必要的亏损。同样的道理，左侧粉红色框线中标记10的K线的前一根大阳线也不符合条件，因为它没有高于前面10天所有K线的最高点。在本例中，除了粉色和蓝色两个平衡点S之外，图中再没有第3根K线可以作为S点。就像笔者之前说的，平衡点S的确定才是平衡预期这一模型的难点。

在实战中寻找符合条件的形态时，有可能会出现两个模型中有一部分相交的情况，即某一根K线既是前一个平衡预期模型中的组成部分又是后一个平衡预期模型中的组成部分。如果相交的程度很大的话，对公式掌握不熟练的投资者就有可能会错过其中一个符合条件的形态。

我们来看一个这样的案例，如图14.3.D所示：

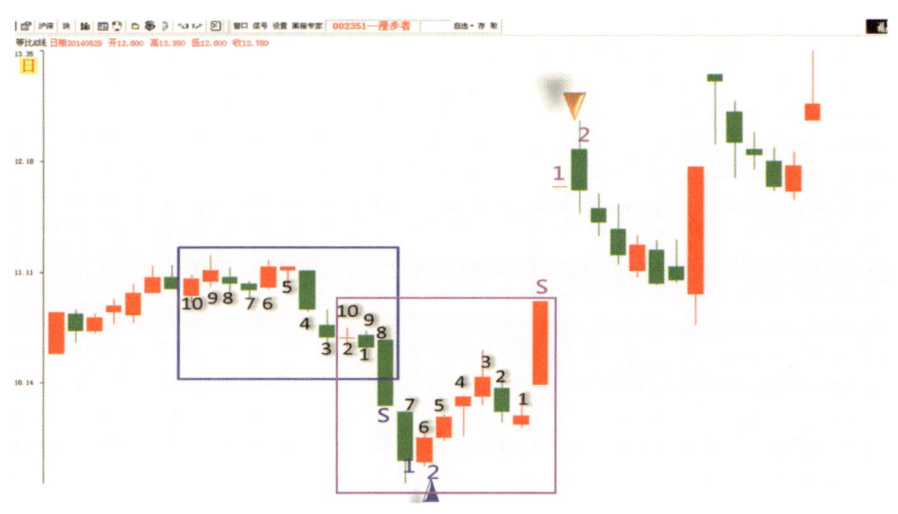

图 14.3.D 漫步者平衡预期宽松公式

如图14.3.D是002351—漫步者的日K线走势图，左侧蓝色S点前面10个交易日的最低价都比它的收盘价高，往后数两天的收盘价都比它的最低价低，则该点为平衡点S，且这段走势符合宽松公式的所有条件，我们可以判断股价在此见底；再往后是涨停板粉色S点出现，S点前面10个交易日的最高价都比它的收盘价要低，S点之后两个交易日涨停板和阴线的收盘价都比S点最高价高，符合平衡点判断标准且符合宽松公式的所有条件，我们可以判断股价在此见顶。

图中我们用蓝色框线标记左侧平衡点 S 和它之前 10 个交易日的走势，用粉色框线标记右侧平衡点 S 和它之前 10 个交易日的走势，可以看到图中两个框线出现了相当一部分的相交，粉色框线中点 10 同时是蓝色框线中点 2；粉色框线中点 9 是蓝色框线中点 1……在实战中这种情况的出现很容易干扰投资者的判断，大家要尤其留意。

以上是宽松公式在实战中的一些应用。下面我们来看一下严格公式在实战中的应用。

在实战中，我们同样可以将严格公式简化，如下图：

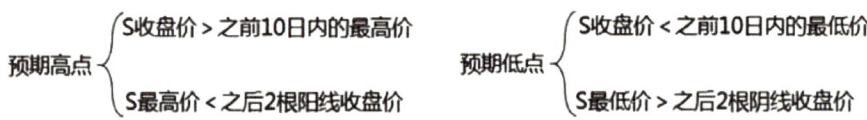

图 14.3.E 严格公式简化版

严格公式的简化与宽松公式的简化方式并无不同，简化只是为了方便记忆，实际上简化前后公式本身的含义并没有发生变化。

严格公式实战案例

将公式简化之后，我们来看一下严格公式在实战中的应用，如图 14.3.F 所示：

如图 14.3.F 所示，600756—浪潮软件的日 K 线走势图左侧出现了一个蓝色 S 点，S 点出现之前股价经历了一轮下跌，S 点前面蓝色框线中的 10 个交易日的最低价都比蓝色 S 点的收盘价高，S 点之后 2 个交易日出现两根阴线且收盘价低于 S 点最低价，则可判断 S 点为平衡点，且这段走势符合严格公式条件，则可预期此处为股价低点，蓝色 2 处的 K 线十字星收高，之后股价开始上涨。

图中右侧的走势也是如此，粉色框线中的 10 个交易日的最低价都比粉色 S 点的收盘价高，S 点之后连续 2 个交易日收低且最低价小于 S 点的收盘价，则 S 点为平衡点且这段走势符合严格公式的条件，则可预期此处为股价低点，股价之后的走势也证明了这一点。

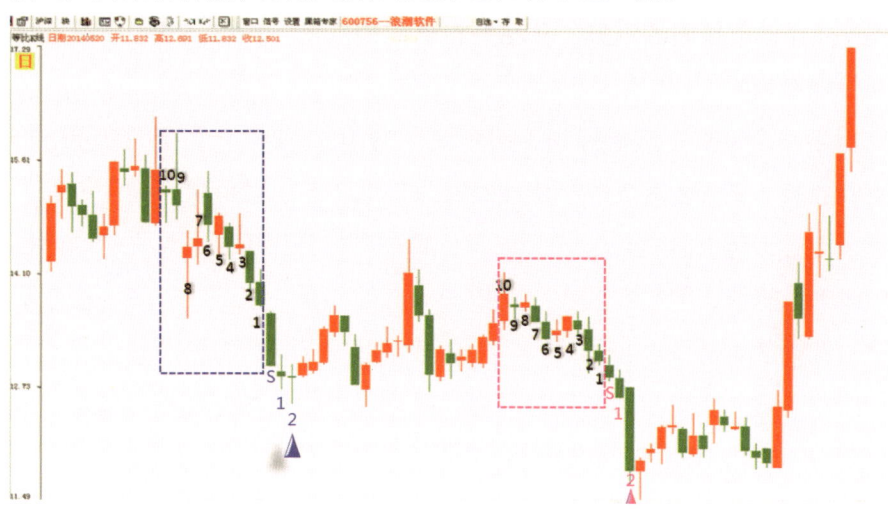

图 14.3.F 浪潮软件平衡预期严格公式

下面一个案例非常典型，其中既有严格公式也有宽松公式，基本包括了平衡预期在实战中会出现的全部情况，如图 14.3.G 所示：

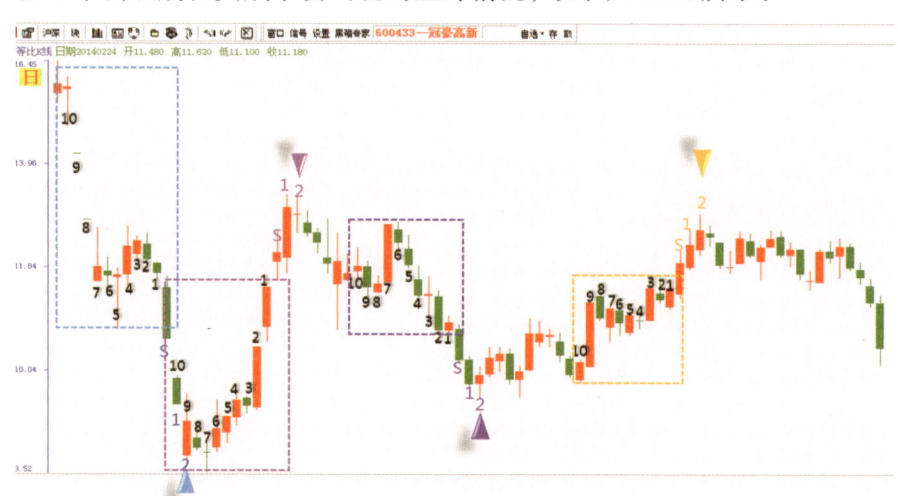

图 14.3.G 冠豪高新平衡预期严格公式

图14.3.G是600433——冠豪高新的日K线走势图，图中一共出现了4次符合平衡预期的走势，从左到右依次用蓝色、粉色、紫色、黄色框线标识出来。

第一个S点（蓝色标识）出现之前的10个交易日最低价都高于S点收盘价，S点之后2个交易日的收盘价低于S点最低价，确认S点为平衡点且走势符合宽松公式，预期见底。严格公式要求S点之后的两根K线都是阴线，但是在蓝色三角指向的2处却是一根阳线——一根假阳线。此处的走势（蓝色框线，三角，数字标识）符合宽松公式但却不符合严格公式。在这里需要注意的是，收高或者收低的标准是，如果当日收高，要求当日收盘价比开盘价要高。反之如果当日收低，要求当日收盘价比开盘价要低。

第二个S点（粉色标识）出现之前的10个交易日最高价都低于S点收盘价，S点之后2个交易日K线收高，这2个交易日的收盘价都比S点的最高价要高，则确认S点为平衡点，并且平衡点之后2个交易日的K线是阳线，这样就符合严格公式的要求，预期见顶。

图14.3.G所示的第三个S点（紫色标识）出现以前的10个交易日最低价都高于S点收盘价，S点之后2个交易日的收盘价低于S点最低价，则S点为平衡点，平衡点之后2个交易日一天是阴线，一天是阳线，不符合严格公式只符合宽松公式，判断此处为预期低点，实际走势在S点出现的2个交易日之后股价见底。

第四个S点（黄色标识）出现之前的10个交易日最高价都低于S点收盘价，S点之后2个交易日是2根阳线且最高价大于S点收盘价，则此处的走势符合严格公式，判断此处为预期高点，图中我们可以看到，实际走势中股价在黄色S点2根K线之后股价开始震荡回落。

本例中符合严格公式的两次走势都是预期见顶，上一案例中出现的两次符合严格公式的走势的都是预期见底，可见在临近的时间段内出现严格公式的情况会趋向于都是预期见顶或者预期见底，这也是邻近时空的相似性的一种体现。

小 结

在物理学上，受力平衡的物体将会静止或者做稳定的匀速直线运动。在股市中也是如此，当股价运行到一个多空双方都认可的价位时，就会进入平衡状态，此时一旦多空之中任意一方的力量加大，股价就会开始转折，直到再次达到平衡为止。这是股价运行的规律，也是平衡预期这一模型的原理。

平衡预期在实战应用中的难点就是平衡点 S 的选择，一定要等走势出现符合严格公式或者宽松公式的全部走势才能确定平衡点 S。

在实战使用中符合严格公式条件的走势一定符合宽松公式的条件，但是符合宽松公式条件的走势不一定符合严格公式的条件，两种公式的准确性都很高，所以在实际操作中使用宽松公式足矣。

不要以价格决定是否购买股票，而是要取决于这个企业的价值。

——沃伦·巴菲特

第十五章　天枢模型之中枢偏振

——波段起涨点测算模型

"价值投资之父"本杰明·格雷厄姆的价值投资理论认为：价值投资的原则就是寻找并投资价格等于或低于其内在价值（Intrinsic Value）的证券，并且买入之后可以一直持有，直到你觉得有足够的理由卖掉这些证券。

内在价值（Intrinsic Value）在百度百科上的定义为：一家企业在其余下的寿命之中可以产生的现金的折现值。内在价值是一个非常重要的概念，它为评估投资和企业的相对吸引力提供了唯一的逻辑手段。

"内在价值"这一概念对于价值投资来说具有重要意义，被誉为"价值投资三大基本概念"之一。

通俗来讲，价值投资的理论依据就是股市中价格围绕价值上下运动。本节中讲到的中枢偏振模型就是依据这样的理念而来的。

第一节　中枢法则和偏向振动

中枢法则——从地球的公转说起

当事物在进行规律的循环运动的时候往往会有一个中枢，而这个事物在进行规律循环运动的时候，其运动的范围也往往不会偏离这个中枢，这里需要注意的是，事物进行规律循环运动的中枢一般不是指某一个具体的点，而是一个范围，例如地球围绕太阳公转的中枢就是公转的轨道，只要地球仍在进行规律运动，那么地球的运行范围就不会偏离公转的轨道，这种现象称之为"中枢法则"。

对于中枢法则的理解，有两个难点：

第一，一旦事物不再进行规律循环运动，则不再遵循中枢法则；

第二，若事物运行的规律发生改变但仍进行规律运动，则会形成新的中枢。

当然，这本书并不是讲述天文学或者物理学的作品，之所以提到中枢法则，是因为在股市中，股价的运动也会遵循中枢法则。

股市中中枢法则的体现就是价格的运动也会存在中枢，比如众所周知的一点是价格总是围绕价值上下波动，即使出现乖离过大的情况，也会很快进行回归和调整，那么临近价值的范围就是价格的中枢。但是在实际操作时，我们却很难衡量这个中枢的范围有多大，而且在不同的时间，不同的个股中这个中枢的范围似乎也会有所不同，造成这点的原因就是笔者前面提到的中枢法则的第二个难点：若事物运行的规律发生改变但仍进行规律运动，则会形成新的中枢。具体来说，是因为股价的运动规律往往会频繁的发生变化，所以中枢所涵盖的范围也在不断发生变化，造成的结果就是价格的运动变得难以预测。

但是笔者的理念是这世界上的一切事物，只要存在规律，就可以被掌握和运用。股市中的中枢法则也不例外，虽然中枢变化得非常迅速，但终究也是一个渐变的过程，只要我们把目光锁定在一个足够短的时间内，就能够获得一个相对稳定的中枢，那么我们只要通过公式求出某一个交易日的中枢范围，就可以用来预测股价下一步的走势了。

具体如何预测呢？

本章中为大家讲述的这个模型被笔者命名为"中枢偏振"，"中枢"指的是前文中讲到的"中枢法则"，而具体的预测方法就需要结合"偏振"的内容来一起讲述。

偏向振动——中枢法则的延续

"中枢偏振"中的偏振不是指光的偏振现象，而是指股价的偏向振动，何谓股价的偏向振动？

在解答这个问题之前，我们不妨先做一个假设，还是前文中地球公转的例子：假如地球的运动因为某些原因而脱离公转轨道，也就是远离中枢，那么结果将会如何？

答案是：在它没有被其他星球的引力捕获之前，它都将向着最初脱离中枢的方向运动。

这就是笔者在前文中提到的中枢法则的第一个难点：一旦事物不再进行规律循环运动，则不再遵循中枢法则。

那么当股价不再遵循中枢法则之后，又会如何运动呢？

答案也在前文中笔者进行的关于地球运动的假设中，当地球脱离公转轨道，不再做规律的循环运动后，在没有受到其他力量影响之前，它都会向着最初偏离中枢的方向运动。

而在股市中，股价的运行方式往往是向着某一个方向震荡前行，所以就有了偏向振动的概念，即股价偏离原来的中枢范围之后，在未受到其他力量影响之前，就会向着最初偏离中枢的方向震荡运动。

那么根据中枢法则和偏向振动的原理，我们就可以通过求出股价在某个短时间内的中枢结合股价偏离中枢的方向来对股价的走势作出预测。

这么表达有些读者可能不好理解,但是结合图片和公式理解起来就很简单了。

第二节 中枢偏振的形态公式

中枢核心

前文中讲到,中枢指的并不是某一个具体的点,而是一个范围。中枢核心指的是中枢所涵盖的范围的中点,在确定中枢之前我们需要首先计算出中枢核心,这样才能够更加精确的求出股价运动的中枢。

中枢核心的计算需要用到前一个交易日的最高价、最低价和收盘价。

中枢核心的计算公式如下:

中枢核心=(最高价+最低价+收盘价)/3

中枢核心可用来简单判断当时市场总体走势:如果市场在中枢核心上方开盘,那么当天可能就是多头市场。如果市场在中枢核心下方开盘,市场可能就是空头市场。

中枢范围

确定了中枢核心也就是中枢的中点之后我们需要进一步确定中枢的范围,股价的波动有高点有低点,即股价只能上下波动,同样中枢的范围也是由一个高点和一个低点组成,中枢范围的高点称为中枢上沿,低点被称为中枢下沿,中枢范围就是中枢下沿到中枢上沿之间的距离。

中枢范围的计算需要用到前一个交易日的最高价、最低价,并且需要先求出中枢核心。

中枢范围的计算公式如下：

中枢上沿=（2×中枢核心）—最低价

中枢下沿=（2×中枢核心）—最高价

中枢范围=中枢上沿—中枢下沿

当股价触及中枢下沿和突破中枢上沿的时候都是买入的良好时机。

当日股价收盘在中枢上沿之上买进，当日股价收盘在中枢下沿卖出。

中枢核心确定中枢的位置，中枢范围确定中枢的宽度，两者相结合我们就可以通过前一个交易日的开、高、低、收四个价格求出当前交易日股价的中枢，通过中枢我们就可以得到止损点和止盈点。

止损点计算公式：

止损点=中枢核心—（最高价—最低价）

当股价触及止损点的时候说明股价过低，应及时止损。

止盈点计算公式：

止盈点=中枢核心+（最高价—最低价）

当股价触及止盈点的时候说明此时持股风险过大，应果断卖出止盈。

（注：以上公式中的高、开、低、收价格均指的是前一交易日的价格）

当然，这里面也有一个难题：中枢偏振模型的建立是在股价不受到外力作用的前提下，但是在股市中外力的作用往往是不可消除的，那么我们如何避免股价的运动受其他力量的影响而偏离预测结果？

解决的办法很简单：

第一，随时关注股价走势，设置严格的止损位；

第二，选取的时间周期足够短，就能够最大程度上的避免外力的影响。

因为力量的作用效果是随着持续时间的不同而存在差别的。同样的力气推一个箱子，只要你能推得动，推五分钟和推半个小时所产生的效果一定是不一样的，而一般来说，力的作用时间越短，其产生的效果就越小，所以缩短计算中枢时选取的周期能够在很大程度上避免外力的影响。

中枢偏振模型的波段应用

前文中讲到了用中枢偏振模型进行短线操作的计算公式和方法，但实际上中枢偏振模型的适用范围是相当广泛的，除了短线操作之外，它还可以用于波段操作。

波段操作买卖点计算公式：

波段起涨点＝（2× 中枢核心）－ 2× 最低价＋最高价

波段起跌点＝（2× 中枢核心）－ 2× 最高价＋最低价

（注：以上公式中的高、开、低、收价格均指的是前一交易日的价格）

当日股价收盘在波段起涨点之上，若股价在低档区，则表示股价走强开始攻击，多单进场，获利可期。

当日股价收盘在波段起跌点之下，若股价在高档区，则表示股价走弱开始回调，空单进场，获利可期。

我们将前一交易日的数据代入上述公式，计算出波段起涨点之后，如果当日股价收盘价高于波段起涨点则视为买入时机，若当日股价收盘价低于波段起跌点则视为卖出止损时机。

第三节　中枢偏振的实战案例

下面我们来看一下中枢偏振模型在实战中的案例：

如图 15.3.A 所示是 600234—山水文化从 2014 年 3 月 31 日到 2014 年 6 月 9 日的日 K 线走势图，图中我们可以看到这只股票的涨势非常好。

笔者曾经统计过山水文化的历史数据，每天跟踪这只股票的走势以发现主力拉升这只股票的时机，也就是它的起涨时间。首先我们来看 2014 年 4 月 11 日这根 K 线（图中左侧，黄色圆角矩形标注），这个交易日的走势形成了一个十字星,最高价是 7.60 元,最低价是 7.30 元,收盘价是 7.40 元。

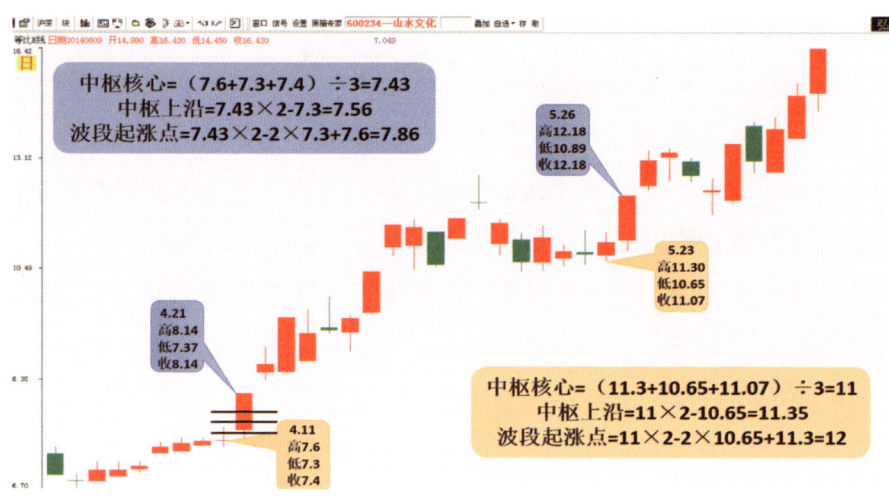

图 15.3.A 山水文化中枢分析

在上一节中笔者讲到中枢核心的计算公式是:

中枢核心=(最高价+最低价+收盘价)/3

将这 3 个数据代入到上述公式中可以得出下一个交易日即 4 月 21 日的中枢核心是:

中枢核心=(7.6 + 7.3 + 7.4)÷3 = 7.43

4 月 21 日开盘价 7.55 元大于中枢核心 7.43 元,则可初步判断市场处于多头市场。那么接下来我们开始计算中枢上沿,当股价突破中枢上沿时即可谨慎买入。

中枢上沿的计算公式是:

中枢上沿=(2× 中枢核心)—最低价

代入中枢核心 7.43 可求得中枢上沿为:

中枢上沿 = 7.43×2 − 7.3 = 7.56

根据上一节中笔者讲到的中枢偏振模型用法,当 4 月 21 日股价突破中枢上沿时可视为短线操作买入时机,此时止损点为:

止损点＝中枢核心－（最高价－最低价）

$$= 7.43 - (7.60 - 7.30) = 7.13$$

止盈点为：

止盈点＝中枢核心＋（最高价－最低价）

$$= 7.43 + (7.60 - 7.30) = 7.73$$

当股价跌破7.13元时，应该止损；当股价突破7.73元时就应该止盈。因为是短线操作所以应时刻注意风险的存在，果断止损止盈。

下面我们来看一下波段操作，同样由于4月21日开盘价7.55元大于中枢核心7.43元，初步判断市场处于多头市场。之后根据4月11日的最高价和最低价计算出波段起涨点为：

波段起涨点＝2×中枢核心－2×最低价＋最高价

$$= 2 \times 7.43 - 2 \times 7.30 + 7.60 = 7.86$$

前文中提到当日股价收盘在波段起涨点之上，若股价在低档区，则表示股价走强开始攻击。4月21日股价收盘于8.14元大于7.86元，则可视为买入时机。可以看到从4月21日股价起涨之后一直到5月15日才开始出现小幅调整，此时股价涨幅已经超过了40%。

在这个案例中还有一处符合波段起涨点要求的位置，就是5月26日，我们从26日之前一个交易日也就是23日开始算起，这一天的最高价是11.30元，最低价是10.65元，收盘于11.07元。由此计算出5月26日的中枢核心是：

中枢核心＝（11.3 + 10.65 + 11.07）÷ 3 = 11

5月26日开盘价为11.11元大于中枢核心11元，同样可初步判断目前处于多头市场。根据5月23日的最高价11.3元和最低价10.65元计算出波段起涨点为：

波段起涨点＝11 × 2 － 2 × 10.65 + 11.3 = 12

5月26日收盘价为12.18元大于波段起涨点12元，则可判断此处波段起涨，图中我们可以看到，经过短暂的调整之后股价一路上涨到2014年6月12日，涨幅同样超过40%。

这只股票涨势很好，但是一直以来都没有突破过波段起涨点，直到 4 月 21 日突破了一次，一波拉升之后开始调整，5 月 26 日再次出现波段起涨点，再次拉升。其他的交易日就算是涨停，都离波段起涨点很远，不符合模型起涨的条件。

下面我们来看一个波段起跌的案例，如图 15.3.B 所示：

图 15.3.B 青海明胶中枢分析

图 15.3.B 是 000606—青海明胶从 2015 年 5 月 15 日到 2015 年 8 月 6 日的日 K 线走势图。

首先我们来看图中蓝色圆角矩形标注的 2015 年 6 月 18 日这根 K 线，这个交易日的走势形成了一个小阴线，最高价是 17.70 元，最低价是 16.77 元，收盘价是 16.80 元。

根据中枢核心的计算公式中枢核心＝（最高价＋最低价＋收盘价）/3，将上述三个数据代入到上述公式中可以得出下一个交易日即 6 月 19 日的中枢核心是：

中枢核心＝（17.7 ＋ 16.77 ＋ 16.8）÷ 3 ＝ 17.09

6 月 19 日开盘价是 16.22 元，小于中枢核心 17.09 元，则可初步判断市场处于空头市场。那么接下来我们开始计算中枢下沿，当股价跌破中枢下沿时即需果断止损。

中枢下沿的计算公式是：

中枢下沿 =（2 × 中枢核心）− 最高价

代入中枢核心 17.09 可求得中枢下沿为：

中枢下沿 = 17.09 × 2 − 17.7 = 16.48

根据上一节中讲到的中枢偏振模型用法，当 6 月 19 日股价跌破中枢下沿时可视为短线操作卖出时机，或者空单买入时机。

下面我们来看一下波段操作，同样由于 6 月 19 日开盘价 16.22 元小于中枢核心 17.09 元，初步判断市场处于空头市场。之后根据 6 月 18 日的最高价和最低价计算出波段起跌点为：

波段起跌点 = 17.09 × 2 − 2 × 17.7 + 16.77 = 15.55

根据前文中提到的判断规则，若 6 月 19 日股价收盘在波段起跌点之下，同时股价在高档区，则表示股价走势渐弱开始下跌，应果断止损离场。6 月 19 日股价收盘于 15.12 元，小于起跌点 15.55 元。可以看到从 6 月 19 日之后股价开始了长达 17 个交易日的深幅下跌。可以看到中枢偏振模型对波段起涨起跌的预测是相当准确的。

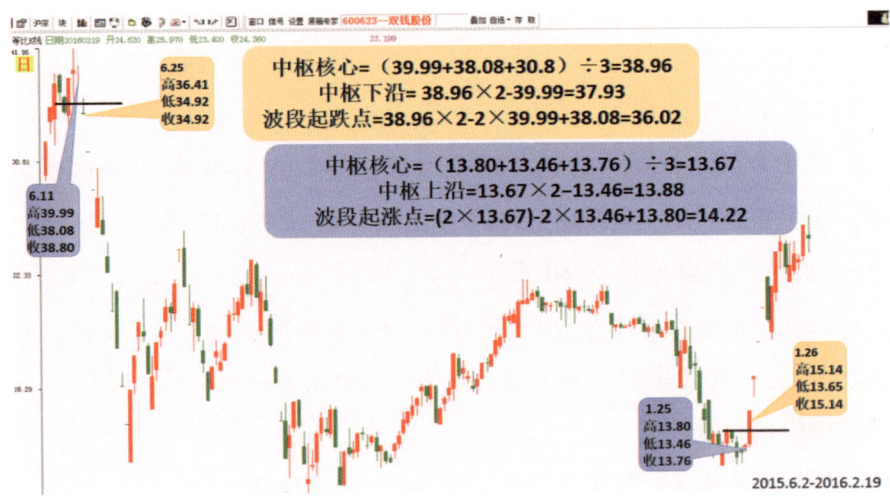

图 15.3.C 双钱股份中枢分析

如图 15.3.C 所示是 600623—双钱股份从 2015 年 6 月 2 日到 2016 年 2 月 19 日的日 K 线走势图。

这个案例非常的典型，既有波段上涨走势又有波段下跌走势，图中左侧蓝色圆角矩形标注的 2015 年 6 月 11 日这根 K 线，这个交易日的走势形成了一个阳十字星，最高价是 39.99 元，最低价是 38.08 元，收盘价是 38.80 元。

根据中枢核心的计算公式中枢核心＝（最高价＋最低价＋收盘价）/3，将上述 3 个数据代入到上述公式中可以得出下一个交易日即 6 月 25 日的中枢核心是：

中枢核心＝（39.99＋38.08＋38.8）÷3＝38.96

下一个交易日即 6 月 25 日的开盘价是 35.00 元，小于中枢核心 38.96 元，则可初步判断市场处于空头市场。那么接下来我们开始计算中枢下沿，当股价跌破中枢下沿时即需果断止损。

中枢下沿的计算公式是：

中枢下沿＝（2×中枢核心）－最高价

代入中枢核心 38.96 可求得中枢下沿为：

中枢下沿＝38.96×2－39.99＝37.93

根据上一节中笔者讲到的中枢偏振模型用法，当 6 月 25 日股价跌破中枢下沿时可视为短线操作卖出时机，或者空单买入时机。

下面我们来看一下波段操作，同样由于 6 月 25 日开盘价 35.00 元小于中枢核心 38.96 元，初步判断市场处于空头市场。之后根据 6 月 11 日的最高价和最低价计算出波段起跌点为：

波段起跌点＝38.96×2－2×39.99＋38.08＝36.02

根据前文中笔者提到的判断规则，若 6 月 25 日股价收盘在波段起跌点之下，同时股价在高档区，则表示股价走势渐弱开始下跌，应果断止损离场。实际上 6 月 25 日股价收盘于 34.92 元，小于起跌点 36.02 元，判断股价将开始下跌。可以看到从 6 月 25 日之后股价开始了跌幅达20%的深幅下跌，若投资者熟练掌握中枢偏振模型的波段用法则可避免损失。

我们再来看图中右侧的符合中枢偏振模型波段上涨走势，首先我们来看2016年1月25日这根K线（图中右侧蓝色圆角矩形标注），这个交易日的走势也是一个阳十字星，最高价是13.80元，最低价是13.46元，收盘价是13.76元。

根据中枢核心的计算公式：

中枢核心＝（最高价＋最低价＋收盘价）/3，代入数据可以求得：

中枢核心＝（13.80＋13.46＋13.76）÷3＝13.67

下一个交易日2016年1月26日开盘价13.77元大于中枢核心13.67元，则可初步判断市场处于多头市场。那么接下来我们开始计算中枢上沿，当股价突破中枢上沿时即可谨慎买入。

中枢上沿的计算公式是：

中枢上沿＝（2×中枢核心）－最低价

代入中枢核心13.67可求得中枢上沿为：

中枢上沿＝13.67×2－13.46＝13.88

根据上一节中讲到的中枢偏振模型用法，当1月26日股价突破中枢上沿时可视为短线操作买入时机，此时止损点、止盈点为：

止损点＝中枢核心－（最高价－最低价）

＝13.67－（13.80－13.46）＝13.33

止盈点＝中枢核心＋（最高价－最低价）

＝13.67＋（13.80－13.46）＝14.01

当股价跌破13.33元时，应该止损；当股价突破14.01元时，就应该止盈。因为是短线操作所以应时刻注意风险的存在，果断止损止盈。

下面我们来看一下波段操作，同样由于2016年1月26日开盘价大于中枢核心，初步判断市场处于多头市场。之后根据2016年1月25日的最高价和最低价计算出波段起涨点为：

波段起涨点＝（2× 中枢核心）－ 2× 最低价＋最高价

代入数据，波段起涨点＝（2×13.67）－ 2×13.46 ＋ 13.80 ＝ 14.22

前文中提到当日股价收盘在波段起涨点之上，若股价在低档区，则表示股价可能上涨。2016 年 1 月 26 日股价大幅上涨，最终收盘于 15.14 元，大于 14.22 元，则可视为买入时机。可以看到从 1 月 26 日股价开始了长达 14 个交易日的上涨。

小 结

中枢偏振模型实际上是一种交易系统，在外汇上使用的比较多。其优势在于适用的广泛性，不只适合于短线操作，同时还可以用于波段操作。

很多投资者在使用中枢偏振模型的时候总是想当然的认为出现涨停了就是波段起涨点。其实不然，不是股票涨停就能达到波段起涨点，中枢偏振模型中对于波段起涨点的要求很严，需要将上一个交易日的走势和当天的走势进行比较。在应用的过程中，这些都是很值得注意的地方。

中枢偏振模型给我们建立了一个拉升的标准，用中枢价格、波段起涨点或者是上升买入价买进都可以。

结束语

投资离不开决策,决策离不开预测,预测离不开分析。本书第二卷中讲到是由股市中的基本规律衍生出的模型,这些基本规律是分析历史得到的;第三卷中讲到的是由股市中经典理论衍生出的模型,主要是用来预测未来走势的;最后一卷中讲到的是由近代投资大师们的前沿理论衍生出的模型,主要是用来决策现在的。

分析历史、决策现在、预测未来构成了相对完善的模型体系。就像前文中笔者说过的"天枢模型"是一套体系,不同的理念就会产生不同的方法,本书中笔者提到的仅仅只是冰山一角,是天枢模型中相对基本也相对实用的部分,有很多用法正等待着各位聪明的读者自己去开发,股市中的技巧和方法成千上万,只有适合自己的才是最好的。

这些内容并不复杂,就像笔者一直强调的那样,规律最难的是发现,使用起来很简单。股市就是这样,难者不会,会者不难,所以作为投资者,一定要勤学习、爱学习、善于学习,才能发现别人所发现不了的规则,才能成为先知先觉者。

所谓艺多不压身,博学多识,学任何的方法都不要嫌多,学得越多越好,只有一个人会的东西多了,看待问题才能考虑得更全面。在复杂的股市里,靠精简致胜是掩耳盗铃、自欺欺人,万事要靠自己,不要总是去追求一些极为简单的方法。因此我们要去适应这种复杂,适应这种变化。

后　记
——阅读是一种智慧

☆**如果猩猩会读书**

文字，实在是人类历史上最伟大的发明。

文字产生了书籍，书籍使传承变得更有效率；传承产生了智慧，智慧使人类统治了地球。就像高尔基所说："书籍是人类进步的阶梯。"书籍是知识得以传承的基石，是人类文明发展和延续的载体。

人类一直以万物之灵自居，一直是自然界最具智慧的种族，但你是否思考过这样一个问题：人类的智慧来自于哪里？

在探究这个问题之前，我们不妨先来看下面一组事实：

1. 黑猩猩会制作和使用简单的工具。

2. 鹦鹉对图形的记忆力非常出众，甚至能做数学题。

3. 章鱼特别善于模仿，并且能够通过思考来解决复杂的问题。

4. 大象有家族和自我的概念，并且记忆力很好。

5. 海豚除了有自我认知和死亡的概念，还有强烈的同情心和好奇心——恐怕这也是许多人被他们拯救的原因。

6. 逆戟鲸有复杂的逻辑思维和丰富的情感，甚至会表现出鲜明的"个性"。

尽管很聪明，也仅是动物的智慧。这些"不学无术"的家伙们的智慧只能达到这样的程度。

模型理论 ④

固定模型体系

那么，人如果不读书呢？

鲁德雅德·吉卜林曾写过一本叫做《丛林奇谈》的书（或者有些人看过由这本书改编的迪士尼动画《丛林王子》），书中讲述了一个由野兽抚养长大的男孩"莫格利"的故事，故事本身或许玄奇梦幻，但素材却是取自于现实。

来自网络上的数据显示：截止到20世纪50年代末，科学上已知有30例孩童在野外长大的案例，这些案例中大部分孩童都是由野兽抚养长大，其中最著名的就是印度"狼孩"。

但这些孩子无一例外像野兽多过像人，并且其智商大多只有三到四岁的程度。除非这些在不同时期，不同地区发生的案例中的"莫格利"都非常巧合的在先天上有缺陷的话（当然，提出这种可能仅是出于对概率学的尊重），那么我们可以证明：把人类放到野兽的环境中，他也只会成为野兽而不是人，甚至不会体现出智商上的优越性。

人之所以成为人，并非天生高贵或者智商超群，而是因为知识和经验的传承，而传承的最主要方式就是学习，学习的最主要方式就是阅读。所有的知识、经验、智慧和技能都可以通过阅读来获得。

所以智慧来自于阅读。

我们有理由相信，如果黑猩猩能够学会阅读的话，它们将有可能进化为真正的智慧生物。

☆别让阅读如此难熬

当我们在生活中遭受挫折而有感于自己能力的不足时，当我们不安于现状而渴望获得更多时，学习往往就是摆脱困境或者谋求进步的最佳方式。

我们翻开一本书，往往是因为意识到了自己需要掌握这些知识，或者意识到了书中的这些知识的价值。

理智告诉我们需要汲取这些知识，但当我们硬着头皮翻开书，那些密密麻麻的蝇头小楷只会让我们感到厌烦，犹如催眠的歌声一般放大我们的疲倦和困意。实际上，就在不久之前，笔者的一个朋友还对我说我推荐给他的床头读物治愈了他的失眠症。

笔者由衷地为他可以睡个好觉而感到高兴，同时也为这位朋友的阅读习惯感到惋惜——在笔者看来，他根本不懂该如何读书。

☆ 一本书的正确打开方式

为何阅读对我们来说如此难熬？

原因有很多，但最重要的一点是兴趣，在做大多数事情的时候，疲惫与困倦都是产生在厌烦的基础上，很多时候我们并不是真的累了，而是无聊和厌烦让我们感觉到疲惫，人在做他感兴趣的事情的时候从来不会疲惫。

阅读也是如此，对于一本书来说，如果你并非真的喜爱其中的内容或者需要其中的知识，就不要翻开它，除非你也想靠它治愈失眠症。

很多时候选择一本你真正感兴趣的书才是成功阅读的第一步，强行阅读一本自己不喜欢的书无疑是一种自我折磨。

另外，当你觉得阅读让你感到疲惫或者不快时不妨换个时间，换个方式来试试。

如何保持你对一本书的兴趣？

关键在于心态，如果你想达到较好的阅读效果，就千万不要强迫自己读书。在读书时，找一个让自己舒服的心态远比找一个让自己舒服的姿势更能提高效果。

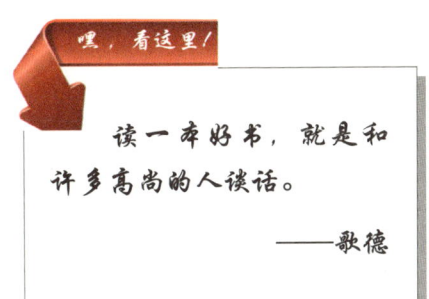

读一本好书，就是和许多高尚的人谈话。
——歌德

良好的读书心态能够让我们长时间的保持对阅读的热情，反之，不好的心态只会让我们在阅读时心情越来越糟糕。

一本好书既像朋友又像老师，我们不应该为了读书而去读书，最好是抱着自我提升的心态,慢慢地去阅读,要让读书成为一种享受。

在阅读时还需要注意的一点就是最好要有明确的阅读目的(当然,小说、杂志这一类文学作品不在此列),《庄子·养生主》中有这样一段话:"吾生也有涯,而知也无涯。以有涯随无涯,殆已!"说的就是人生短暂,而知识是无穷无尽的,如果不能明确自己的目的,只汲取对自己有用的知识,眉毛胡子一把抓的话,最终只能"殆矣"。

所以用有限的时间去尽可能获取对自己最有用的知识,才是阅读最重要的意义,也是最难把握的一点。

《三国演义》中水镜先生司马徽向刘备推荐诸葛亮的时候有这样一段话:"孔明与博陵崔州平、颍川石广元、汝南孟公威与徐元直四人为密友。此四人务于精纯,惟孔明独观其大略。尝抱膝长吟,而指四人曰'公等仕进可至刺史、郡守'众问孔明之志若何,孔明但笑而不答。每常自比管仲、乐毅,其才不可量也。"

诸葛亮以智名闻天下,天赋并不一定比它的几位好友要高,但为何最终成为"功盖三分国,名成八阵图"的诸葛武侯?原因就在于读书之法,他的几位好友是"务于精纯",唯独诸葛亮是"观其大略",这就是读书目的的不同。

务于精纯是为学之道,观其大略是为实之道,一个强调深度,一个强调广度,对于大多数人来说,两者间并没有本质上的优劣之分。从股市学习的角度讲,依前者读书可为专才,依后者读书可为通才,如果你想成为某一方面的专家学者,就"务于精纯"通于一道,达于一道,能人所不能,但在处理实际问题的能力方面难免有所欠缺。

而如果想要成为实践派大师,就需要知识面足够宽阔,在读书时就要注重对知识的全面性掌握和知识领域的开拓。只有拥有渊博的知识,才能对股市中的各种现象及成因了如指掌,面对股市中的变化才能够波澜不惊、从容应对。

这就是阅读目的的重要性。笔者的建议是:如果你真的需要某一方面的知识的话,最好培养自己在这方面的兴趣和爱好,就像孔子说的:"知之者不如好之者,好之者不如乐之者。"兴趣永远是阅读的最佳动力。

对于阅读,最后还要提及的一点就是阅读习惯,阅读时的习惯对一个人的影响是巨大的,养成好的阅读习惯将有助于提高阅读的效率,因为每个人都是独一无二的,所以不能武断的认为什么样的习惯是好的阅读习惯,因

播种行为,可以收获习惯;播种习惯,可以收获性格;播种性格,可以收获命运。

——萨克雷

为同样的习惯,在一些人身上会起到正面的效果,而在另一些人身上则会完全呈现负面效果。

但发现并培养对自己有利的读书习惯是增加阅读趣味性,提高阅读效率的好方法。

下面笔者列举一些适用面较广的阅读习惯,希望能够对各位读者有所帮助。

1.书籍不要完全堆在书架上,那样它们只会起到装饰作用(当上面落满灰尘时甚至连装饰作用都不会有),把你正在读,经常读或者喜欢读的书放在你的"身边",比如床头柜、沙发、茶几、车里甚至随身携带,这样当电视剧中插播广告或者堵车时你就可以拿出书来读一读。

很多好书是值得随身携带的,晋朝有一本记录用常见草药或方法处理急性病症的医书,因为作者认为很值得随身携带,就给它命名为《肘后备急方》,因为古代的衣服都是宽袍大袖,装东西都是装在袖子里面肘后的位置,如果是在今天写成估计会被叫做《兜里必备急救指南》。

2.找到适合自己的读书方法,比如流传较广的"三遍读书法"、"兴趣阅读法"等,也可以借鉴名人的经验,比如鲁迅先生的"跳读"法;舒庆春老先生(老舍)的"印象"法;著名数学家华罗庚的"厚薄"法;散文家余秋雨的"畏友"读书法等。当然,别人走过的路可以借鉴,

但最适合自己的读书方法还需要每个读者自己去探索。

3.养成做读书笔记的习惯,或者读完一本书后随手写下心得,这样以后可以只通过寥寥数语的笔记就想起书中的知识,也方便以后"温故而知新",回忆起初次阅读时的感受也许会有新的体悟。

就像毛主席的老师徐特立老先生说的那样:"不动笔墨不读书。"

阅读是掌握前人智慧和经验的最好方法,也是谋求自身进步和发展的最好方法,每个人都需要阅读,为什么要让阅读成为一种煎熬呢?

笔者希望这本书能够给大家带来知识的同时带给大家愉快的阅读体验。

如果您对本书中的内容有任何疑问或者建议,可以扫描下面的二维码添加模型理论公众号,与我们进行沟通。